우리나라 최초의 여성 변호사
# 이태영

역사의 책갈피에 숨어 있는 여성들의 이야기,
**여성 인물 도서관**에서 꺼내 읽어 보세요.

우리나라 최초의 여성 변호사
# 이태영

강민경 글 | 화요 그림

| 차례 |

인물 소개     6
인물 관계도와 연표     8

---

### 등불 심지가 가장 짧은 딸     10

### 축지법 쓰는 학생     20

### 무명 열 필     29

### 길고 길었던 겨울     39

### 누비이불을 머리에 이고     48

### 보따리를 바꿔 멥시다     57

### 전쟁을 넘어 이룬 꿈     65

### 암탉이 울면 달걀을 낳는다     74

그림자가 아닌 당당한 한 사람으로　　　　　　　　83

제자들이여, 날개를 펼쳐 다오　　　　　　　　　92

붉은 벽돌집의 탄생　　　　　　　　　　　　　101

법은 족쇄가 아니라 울타리　　　　　　　　　　110

고달프지만 귀한 길　　　　　　　　　　　　　119

―

그때 그 사건　#가족법_개정_운동 #호주제_폐지　　128
인물 키워드　#변호사 #법조인　　　　　　　　　130
한눈에 살펴보기　#여성_관련_법의_역사　　　　134

## 인물 소개

### 이태영(1914~1998)

어려서부터 등불 심지가 다 닳도록 열심히 공부하며 변호사를 꿈꿨던 태영. 가난한 살림에 남편 옥바라지까지 하며 꿈을 접어 뒀던 태영은 마침내 서울대학교 법학과에 입학하지만 법이 모두에게 평등하지는 않다는 것을 깨닫는데…….

"가족법 개정에 동참해 주세요. 남자와 여자는 동등한 사람이라는 내용으로 법을 고치자는 것입니다."

가정에서도 사회에서도 여성은 불공평한 대우를 받는 게 당연했던 시절, 아들딸 똑같이 공부시켜 달라며 목소리를 높였던 학생, 며느리이자 아내이자 어머니로서 최선을 다했던 한 가정의 안주인, 여성에게 차별적인 법을 고쳐 나갔던 법조인, 억울한 여성의 목소리에 귀 기울였던 여성 인권 운동가.

차별받는 사람 없이 남녀 모두에게 평등한 법을 만들기 위해 노력했던 우리나라 최초의 여성 변호사, 이태영의 삶을 들여다보자.

## 인물 관계도와 연표

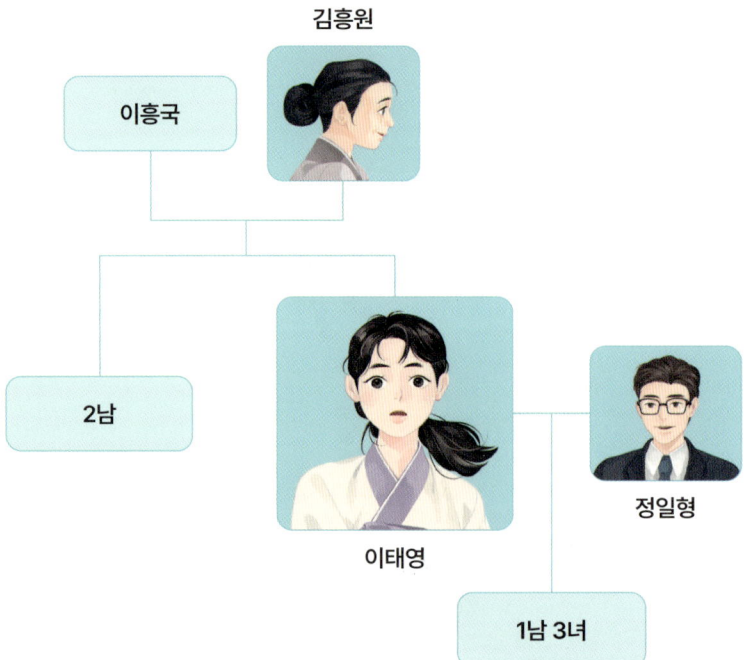

|  |  |
|---|---|
| 1914년 8월 | 평안북도 운산군에서 태어남. |
| 1931년 | 정의여자고등보통학교를 졸업함. 모교인 광동보통학교(초등학교)에서 교사 생활을 시작함. |
| 1932년 | 이화여자전문학교(이화여자대학교) 가사과에 입학함. |
| 1936년 | 이화여자전문학교를 졸업함. 평양여자고등성경학교에서 교사 생활을 시작함. 정일형과 결혼함. |
| 1946년 | 여성 최초로 서울대학교 법학과에 입학함. |
| 1952년 1월 | 제2회 고등 고시 사법과(사법 시험)에 합격함. 가족법 개정 운동을 시작함. |
| 1954년 | 변호사 생활을 시작함. |
| 1956년 | 여성법률상담소(한국가정법률상담소)를 개업함. |
| 1963년 | 이화여자대학교 법정대학 학장이 됨. |
| 1975년 8월 | 막사이사이상 사회 지도 부문을 수상함. |
| 1976년 | 여성백인회관을 지음. |
| 1998년 12월 | 세상을 떠남. |

## 🌸 등불 심지가 가장 짧은 딸

 해가 지고 어스름이 앉을 때까지 태영은 책상 앞에서 꼼짝도 않고 책을 읽고 있었다. 저녁 준비하는 밥 냄새가 솔솔 피어오르고, 골목길에서 아이들이 뛰어노는 소리가 담을 넘어와도 태영은 귀도 들리지 않고 냄새도 나지 않는 듯 자리에서 움직일 줄 몰랐다.
 저녁상을 들고 들어오던 태영의 어머니가 그 모습을 바라보고는 흐뭇하게 웃었다. 상을 내려놓은 어머니는 앉은뱅이책상에 바싹 다가앉은 태영의 엉덩이를 토닥토닥 두드리며 말했다.
 "나는 아들딸 차별 안 한다. 누구든 열심히만 하면 끝까지 공부시킬 거다."

그 말을 들은 태영의 눈이 반짝 빛났다.

"어머니, 진짜예요? 정말 공부만 열심히 하면 대학도 보내 주실 거예요?"

태영은 어머니 옆에 바짝 붙어 앉아 다시금 확인했다.

"그래, 내 약속하마."

태영의 어머니는 겨우 여덟 살이 된 딸 태영이 눈을 반짝이며 공부 욕심을 내는 것이 귀엽고 기특하여 등을 쓰다듬어 주었다.

태영은 얼굴 가득 환한 웃음을 지으면서도 입을 야무지게 다물고 마음을 다잡았다.

'그래. 어머니 말씀대로 공부에 남자, 여자가 어딨어? 열심히 하는 사람이 끝까지 공부하는 거지.'

태영의 여자 친구들 중에는 보통학교도 가지 못하고 집안일만 돕는 아이들이 많았다. 집안이 어려워 학교를 못 가는 경우만 있는 것은 아니었다. 사람들은 아들, 특히 장남은 학교를 보내고 딸은 집안일을 돕거나 돈을 벌다가 결혼하는 것을 당연하게 생각했다.

그러나 태영의 어머니는 딸인 태영도 당연히 보통학교에 입학시켰고, 태영도 오빠 둘이 공부하는 것처럼 자신도 공부하는 것이 당연하다고 생각했다. 그렇지만 책 보따리 대신 빨랫거리를 들고 냇

가로 향하는 친구들을 보면 자신이 공부하는 것이 당연한 것이 아니라는 사실을 깨닫고는 했다.

평소에도 워낙 책 읽기를 좋아하고 공부에 파고드는 태영이었지만 어머니와 약속한 이후로는 더더욱 공부에 열심이었다. 밤이 깊어 가는 줄도 모르고 책을 읽거나 배운 것을 공책에 정리하느라 늦게까지 잠들지 않았다.

태영의 어머니는 이른 새벽이 되면 종종 아들과 딸의 공책을 뒤척이거나 등잔의 기름을 살펴보고는 했다. 공부를 못하거나 더디게 한다고 야단치지는 않았으나 불성실한 모습이 보이면 어머니는 불호령을 내렸다.

아침이 되었지만 전날 밤도 늦게까지 공부했던 태영은 좀처럼 눈을 뜨지 못했다. 어머니가 공책을 들여다보고 등잔을 살피는 것이 느껴졌지만, 태영은 눈을 감은 채 따뜻한 이불 속에서 뭉기적거렸다.

"흐음."

태영의 어머니는 얕은 한숨을 쉬더니 방을 나갔다. 그러고는 마루에 앉은 채 한숨 섞인 혼잣말을 했다.

"공부해야 할 아들은 초저녁부터 자 버려 기름이 그대로 남아 있고, 공부 안 해도 좋을 딸은 등잔불 기름이 다 닳도록 밤을 새워 공부했구나. 에휴, 바뀌었으면 좋았을 것을……."

어머니의 말에 태영은 눈이 번쩍 뜨였다. 태영은 그대로 벌떡 일어나 문을 박차고 나갔다. 쌀쌀한 늦가을이라 차가운 바람이 옷깃을 파고들었지만 태영은 아랑곳하지 않고 어머니 앞에 섰다. 자는 줄 알았던 태영이 갑자기 문을 벌컥 열고 나오자 어머니는 깜짝 놀라 태영을 바라보았다.

"어머니! 방금 하신 말씀이 무슨 뜻이에요? 지난번에 저랑 약속하셨잖아요? 열심히 하면 아들딸 구별 않고 끝까지 공부시켜 준다고 하셨잖아요? 그럼 그건 거짓말이었어요?"

태영은 눈물이 그렁그렁해지고 목이 메기까지 했다.

"아, 아니, 그, 그게 아니라……."

태영의 어머니는 당황해서 말까지 더듬었다.

"나는 공부하고 싶단 말이에요. 공부해서 어려운 사람도 도와주고 나라에 보탬이 되는 일을 하고 싶단 말이에요."

태영은 주저앉아 어머니 무릎에 얼굴을 묻고 엉엉 흐느꼈다.

"태영아, 그게 아니라……."

"어머니도 여자는 공부하는 게 아니라고 하면 구룡강 앞에 주저

앉아 울 거예요."

태영이 발버둥을 치며 엉엉 울자, 어머니는 태영을 달래느라 쩔쩔맸다.

"태영아, 미안하다. 네 오빠들이 공부 안 하는 것이 한심해서 한 말이지, 절대 너를 공부시키지 않겠다는 말은 아니란다."

"정말이에요?"

흑흑거리던 태영은 겨우 울음을 삼키면서 어머니에게 되물었다.

"그럼, 그럼. 진심으로 미안하다. 네가 하고 싶은 만큼 끝까지 공부하렴."

여러 번 어머니의 다짐을 받고서야 태영은 눈물을 거두었다. 태영의 어머니는 어린 딸이 공부 욕심을 내는 것이 갸륵해서 그 후로 한 번도 태영의 공부를 가로막는 말을 하지 않았다. 늘 공부하는 태영의 용기를 북돋워 주고 태영을 자랑스러워했다.

태영의 아버지는 태영이 돌도 되기 전 갑작스러운 사고로 세상을 떠났다. 원래도 부지런했던 태영의 어머니는 어려운 집안 형편에 혼자 자식들을 키우느라 쉴 새 없이 일을 했다. 하지만 한 번도 자식들 공부 뒷바라지가 힘들다는 말을 한 적이 없었다. 태영은 그런 어머니의 영향을 받고 자랐다.

'남자와 여자를 차별하지 않고 똑같이 공부시키고 똑같이 일하게 하는 사회가 되어야 해.'

어느 날, 태영은 웅변대회에 나갔다. 오랫동안 생각했던 주제로 원고를 쓰고 외웠다.

"아들딸 똑같이 공부시켜 주세요!"

태영의 당돌한 말에 사람들은 숨을 죽이고 다음 말을 들었다.

"아들이 태어나면 온 동네가 기뻐한다고 합니다. 하지만 딸이 태어나면 어머니들이 울지요. 아들과 딸은 모두 똑같은 자식인데, 왜 아들은 기쁨의 존재이고, 딸은 슬픔의 존재이어야 합니까? 하늘이 아들과 딸을 이 세상에 태어나게 했을 때는 모두 귀한 존재요, 세상에 태어난 의미가 같을 것입니다. 아들이 더 귀하고 딸이 더 천할 리도 없고, 그 반대일 리도 없습니다."

태영은 긴장감에 입이 말랐지만 한번 말을 뱉어 내기 시작하자 속에 늘 차올랐던 답답함이 빠져나가는 것 같았다.

"공부에 뜻이 있는 사람이라면 모두 똑같이 교육을 받아 나라를 살리고 더 나은 미래를 준비해야 할 때입니다. 나라를 세우고 미래를 준비하는 데 남자, 여자의 구별이 왜 필요합니까? 설령 여자가 집에서 아이를 키우고 가정을 꾸리는 일만 한다 해도, 가장 중요한 나라의 근본을 돌보는 일이니 어찌 교육이 필요하지 않겠습니까? 그러니 아들딸 똑같이 공부시켜 주세요!"

아직 열네 살밖에 되지 않은 태영의 목소리가 쩌렁쩌렁 대회장에 울렸다. 태영이 또랑또랑한 목소리를 높일 때마다 관객석에서는 저절로 박수가 터져 나왔다. 태영은 때로는 주먹을 불끈 쥐고, 때로는 간절한 목소리로 아들과 딸이 왜 똑같이 공부해야 하는지 주장하며 말을 마쳤다. 웅변을 마친 태영이 자리에 앉을 때까지도 박수 소리는 줄어들지 않았다. 자리에 돌아온 태영은 그 박수 소리에 가슴이 두근대면서도 입술이 바짝바짝 말랐다. 딸은 아들을 잘 키우기 위한 살림 밑천이라는 이야기가 당연하던 때였다. 태영은 사람들이 자신의 생각을 되바라지게 여기지는 않을까 은근히 걱정이 되었다.

'그래도 하고 싶은 말을 했으니 후회는 없어.'

태영은 아직도 떨리는 손을 꼭 맞잡으며 마음을 다독였다.

참가자들의 모든 웅변이 끝나고 시상식이 열렸다. 장려상, 동상, 은상, 금상을 발표할 때까지도 태영의 이름은 불리지 않았다. 상을 받고 기뻐하는 사람들을 보니 태영은 부럽기도 하고, 씁쓸하기도 했다.

어릴 적 웅변대회에 나갔던 일도 떠올랐다. 박수 소리에 내려오라는 줄 알고 중간에 웅변을 끝내고 내려왔던 아픈 기억이었다. 이번에는 꼭 상을 타고 싶었기 때문에 아쉬움이 자꾸 스멀스멀 올라왔다.

"이제 대망의 대상, 일 등 시상만이 남았습니다. 수상자는!"

사회자가 대상 수상자를 발표하려 숨을 고르자 대회장이 순식간에 조용해졌다. 침 넘어가는 소리조차 들릴 만큼 조용한 가운데 사회자가 대회장을 천천히 둘러보았다. 그러고는 입꼬리에 살짝 웃음을 머금고 입을 열었다.

"수상자는 이! 태! 영! 학생입니다!"

태영은 막상 일 등으로 자신의 이름이 불리자 얼떨떨해졌다. 함박웃음을 짓지도 못하고 어안이 벙벙한 표정 그대로 태영은 단상에 올랐다. 상을 받고 소감을 말하라는 사회자의 말에 태영은 그제야 정신이 들었다.

"오늘 저에게 상을 주신 것은 제가 다른 학생들보다 목소리가 크거나 발음이 더 또렷해서가 아닐 거라 생각합니다. 아들딸 똑같이 공부시켜 주시겠다는 어른들의 약속을 이 상으로 보여 주신 것이라 믿습니다. 그 약속 꼭 지켜 주세요. 저도 열심히 공부하겠습니다."

태영의 소감에 관중석에서는 환호와 박수가 함께 터져 나왔다.

"떡잎이 다르다. 크게 될 싹이 보이는군."

여기저기서 사람들의 칭찬이 쏟아졌다.

'하고 싶은 말은 용기를 내서 끝까지 해도 되는구나.'

태영은 비로소 옅은 미소를 지을 수 있었다.

태영이 대상을 받았다는 소식을 들은 태영의 큰오빠는 자신이 상을 탄 것보다 더 기뻐했다.

"우리 태영이는 변호사가 되거라. 변호사가 되면 어려운 사람도 도와주고 나라를 위해 큰일도 할 수 있지. 우리 태영이한테는 변호사가 잘 어울린다."

'변호사?'

태영은 변호사가 정확히 뭔지 몰랐지만 큰오빠 말대로라면 정말 멋있고 세상에 필요한 직업일 거라고 생각했다. 태영은 막연하게 변호사를 꿈꾸게 되었다.

## 축지법 쓰는 학생

　영변에서 학교를 다니다 평양 정의여자고등보통학교로 편입을 한 태영은 공부가 재미있어 날마다 밤을 새웠다. 하면 할수록 더욱 공부를 하고 싶었고, 대학에도 가고 싶었다. 그러나 지금의 학비도 온전히 큰오빠에게 의지하는 태영에게 대학은 그림의 떡 같은 곳이었다.
　그때쯤 태영은 사범대학에 가면 학비를 내지 않고도 공부할 수 있다는 소리를 들었다. 특히 일본에 있는 사범대학은 시험에 붙기만 하면 학비를 들이지 않고도 유학을 갈 수 있다고 했다. 그러나 그 학교는 평양의 명문 여고를 통틀어도 한 해에 열 명도 입학하기 힘든 곳이었다. 하지만 태영은 꼭 그 학교에 가고 싶었다. 이미 처자식이 딸린 큰오빠에게 손을 벌리지 않고 태영이 하고 싶은 공부를 마음껏 할 수 있는 길은 그 방법밖에 없었다.

태영은 일본 사범대학에 들어가기 위해 몇 달 동안 밤을 새우며 공부하고 새벽녘에야 잠깐 잠을 청하는 생활을 했다. 그랬더니 몸에 무리가 왔는지 건강이 나빠졌다. 좀 나아졌나 싶어 책을 펼치면 다시 눈이 핑핑 돌며 세상이 노랗게 보였다.

"태영아, 너 얼굴이 노랗다. 어디 아픈 거 아니야?"

"그래, 힘도 없어 보이고 많이 아파 보여."

친구들이 태영을 보며 걱정 섞인 소리를 한마디씩 했다.

"그, 그래?"

태영은 얼굴을 매만지며 힘없이 되물었다. 안 그래도 요즈음 태영은 부쩍 어지럽고 머리가 아팠다. 입맛도 없고 자꾸 메스꺼웠다. 먹은 것이 없어도 속이 울렁거려 공부를 할 수도, 집중을 할 수도 없었다. 밤샘 공부에 지친 것 같아 쉬면 나을까 싶어 일찍 잠을 청해 보아도 좋아지지 않았다. 나아지기는커녕 점점 눈과 피부가 노래지고 머리카락은 부석부석해졌다. 나중에는 어지러워 제대로 걸을 수도, 똑바로 앉아 있을 수도 없었다.

"태영아, 너 아무래도 너무 아파 보인다. 병원에 가 보렴."

선생님이 등을 떠밀다시피 해서 태영은 병원에서 진찰을 받았다. 의사가 황달병이라고 했다.

"무조건 잘 먹고 잘 쉬어야 해요. 절대 무리하지 말고 무조건 쉬어요."

'아! 이대로 공부를 그만두어야 하나?'

이대로라면 일본의 사범대학 시험을 볼 수도 없었고, 만에 하나 본다 해도 불합격할 것이 뻔했다. 그런데 고등학교 졸업을 앞둔 그때, 태영이 다녔던 광동보통학교에서 연락이 왔다. 태영에게 선생님이 되어 달라는 것이었다.

'그래! 내 힘으로 공부하기 위해서 돈을 버는 거야. 그래야 마음 편히 더 오래 공부할 수 있을 거야.'

태영은 대학 진학을 잠시 미루고 광동보통학교에서 일 년간 교사 생활을 했다. 그리고 월급을 최대한 아끼며 대학 등록금을 모았다. 하지만 생각보다 돈이 모이지 않아 일본 유학은 도저히 꿈도 꿀 수 없었다.

이를 악물고 일본 사범대학에 도전해 보고 싶었지만, 태영은 점점 학비를 뒷바라지해 주는 어머니와 큰오빠에 대한 걱정으로 유학에 대한 마음이 사그라들었다. 그래서 일단 이화여자전문학교에 가서 공부를 하면서 유학의 기회를 엿보기로 했다.

이화여자전문학교에 입학하고 나서도 태영은 학비 걱정을 덜 수가 없었다. 어머니나 큰오빠에게 등록금을 내 달라고 할 수는 없었다. 태영은 장학금을 받기 위해 열심히 공부하기로 마음먹었다.

"태영이는 계단을 두 개씩 오르고 늘 뛰어다녀. 축지법 쓰는 것 같아."

친구들 사이에서 태영의 별명은 축지법 쓰는 아이였다. 태영이 계단을 두 개씩 오르며 뛰어다니는 데는 이유가 있었다.

변호사가 되려면 법학을 공부해야 하는데, 이화여자전문학교에는 법학과가 없어 태영은 가사과로 입학했다. 그런데 태영이 3학년이 되던 해, 이화여자전문학교에 법학 과목이 생겼다. 태영은 법학도 열심히 공부했다.

장학금을 받으려면 가사과 공부도 열심히 해야 했고, 꿈을 위해서는 법학 공부도 대충 할 수 없었다. 할 수 없이 태영은 가방 하나에는 가사과 전공책을 채워 넣고 다른 가방에는 법학 책을 꽉꽉 넣어 다녔다. 두껍고 무거운 전공책이 든 가방을 두 개나 메고서도 태영은 무거운 줄 모르고 뛰어다녔다.

　태영이 법학 공부를 하느라 바쁘게 뛰어다니는 것을 아는 친구는 의아하다는 표정으로 태영에게 묻고는 했다.
　"태영아, 어깨 부서지겠다. 너는 왜 법까지 공부하느라 그렇게 바쁘게 살아?"
　친구들이 물어보면 태영은 가사과 학생들도 법을 공부해야 한다고 목소리를 높였다.

"법은 공부하면 공부할수록 재미있고 도움이 돼. 가사과 학생들뿐 아니라 모든 사람들이 법을 공부했으면 좋겠어."

태영은 친구들에게 말할 뿐만 아니라 글을 쓸 기회가 있으면 "법률을 배우자!"라는 내용을 썼다.

1935년, 졸업반이던 태영은 전국 여자 전문학생 웅변대회에 참가하게 되었다. 전국에서 내로라하는 여학생들이 뽑혀 나온 대회라 관객들도 구름처럼 몰려왔다.

일제 강점기였기 때문에 경찰들이 뒤에 죽 늘어서서 웅변 내용을 들으며 감시했다. 어떤 학생은 일제에 반대하는 웅변 내용 때문에 중간에 제지당하고 단상에서 내려오기도 했고, 어떤 학생은 주의를 받기도 했다.

총 일곱 명의 참가자 중 다섯 번째 순서였던 태영은 속으로 원고를 다시 외워 보며 긴장감을 달랬다. 드디어 태영의 순서가 되었다.

"소나 말이 마차를 끌고 언덕을 쩔쩔매며 올라가면 여러분들은 어떻게 하십니까? 많은 사람들이 뒤를 밀며 도와줄 것입니다. 그런데 무거운 짐을 이고 가는 여자들은 어떻습니까? 고개가 부러질 듯 무거운 짐을 이고 가는 여성들을 아무도 도와줄 생각을 하지 않습니다. 한국 여성들은 소나 말보다 못한 삶을 살고 있습니다. 아내이

며 어머니이기 전에 인간이어야 하고, 남자들과 똑같은 대우를 받아야 합니다."

경찰이 태영의 웅변을 막지는 않았지만 듣고 있던 남자들이 혀를 끌끌 차고 야유를 했다. 삿대질을 하며 대놓고 소리를 지르는 사람도 있었다.

"쓸데없는 헛소리다!"

"당장 끌어내라!"

하지만 태영은 그 소리에도 아랑곳하지 않고 연설을 이어 나갔다. 어차피 남자들의 비난은 예상했던 것이었다. 그들의 목소리가 커질수록 태영도 목에 핏대를 세워 가며 더욱 소리를 높였다. 오랫동안 생각했던 문제라 태영의 말에는 막힘이 없었다.

"일 등은 이화여자전문학교의 이태영 양입니다!"

남자들의 비난이 워낙 심하여 수상은 생각지도 못했는데, 태영은 뜻밖에 일 등을 하게 되었다.

'내가 틀리지 않았구나. 내 생각이 통했구나.'

태영은 가슴이 뭉클해지며 코끝이 찡해 왔다.

태영이 웅변대회에서 일 등을 했다는 기사가 신문에 크게 보도되자 어머니가 전보를 보내왔다.

자랑스러운 내 딸, 너무 기쁘다. 엄마가.

글자 수마다 돈을 내야 하는 전보였기에 글은 짧았지만, 몇 마디 단어만 보고도 태영은 눈물이 왈칵 솟았다. 사 년 동안 가방을 두 개씩 메고 다니며 축지법을 쓰는 학생으로 힘들게 살았던 지난 시간의 고생이 한순간에 녹는 것 같았다. 태영은 끝까지 공부시켜 주겠다는 약속을 지킨 어머니에게 자랑스럽고 기쁜 딸이 된 것만으로도 날아갈 듯했다.

'계속 기쁘게 해 드릴게요.'

태영은 전보를 들여다보고 또 들여다봤다. 주름진 어머니의 눈웃음이 거친 종이에 배어 있는 듯했다.

## 무명열필

태영은 공부를 하면 할수록 더 하고 싶었다. 이화여자전문학교를 가장 우수한 성적으로 졸업했지만, 꿈을 이루기에는 지식이 턱없이 부족하게 느껴졌다.

'더 공부하고 싶어. 미국으로 유학도 가고, 법학 공부도 제대로 하고 싶어.'

그러나 장학금을 받지 않으면 대학도 다니기 힘들었던 태영에게 미국 유학은 꿈도 꾸지 못할 일이었다. 영어도 열심히 공부했기 때문에 당장에라도 미국에 가라면 갈 수 있었지만 역시 태영의 발목을 붙잡는 것은 돈이었다.

'그래. 유학비를 벌기 위해 잠시 일하자. 사회 경험도 쌓고 좋잖아.'

마침 평양 여자고등성경학교에서 교사로 일해 달라는 제의가 들어와 태영은 두말하지 않고 달려갔다.

집에서는 이제 태영이 학교를 마치고 직장을 잡았으니 결혼을 서둘러야 한다고 여기저기 중매를 알아보았다. 하지만 태영은 결혼에는 도통 관심이 없었다. 학교와 교회만 왔다 갔다 했고, 여성 문제를 연구하는 데 시간을 썼다.

"이태영 선생님, 그 얘기 들었어요?"

어느 날, 동료 교사가 태영 곁에 다가오더니 속삭이듯 물었다.

"미국에서 박사 학위를 받고 연희전문학교에서 교수로 있던 정일형이란 사람이 평양에 와서 교회를 열었대요. 태영 선생님도 소문 들었지요?"

그 사람이라면 평양이 떠들썩할 만큼 소문이 자자했기 때문에 태영도 알고 있었다. 평양에서도 가장 가난한 근로자가 많이 사는 곳에 교회를 열었으니 전도사의 월급도 제대로 주지 못할 처지였다. 학교에서 강의를 하고 미국 친구들의 도움으로 겨우 교회를 꾸려 나간다고 했다.

"네, 정말 신앙심이 깊은 사람인가 봐요."

태영의 말에 동료 교사는 살포시 웃으며 고개를 갸웃거렸다.

"둘 중 하나겠지요. 정말 신앙심이 깊든가, 바보든가."

바보라는 말에 태영은 웃음기를 거두고 눈을 동그랗게 떴다. 동료 교사는 태영의 표정이 변한 것에도 아랑곳없이 계속 정일형에 대한 이야기를 풀어놓았다.

"그렇게 훌륭한 직업을 가졌던 사람이 왜 다 버리고 가난한 시골 동네에 가서 자기 돈 들여 교회를 꾸리겠어요? 무슨 꿍꿍이가 있을 거라고 일본 경찰들도 증거를 잡으려 눈에 불을 켜고 있나 봐요."

때마침 수업 종소리가 울려 동료 교사는 출석부를 챙겨 교실로 향했다.

'정일형!'

태영도 교실로 향하며 그 이름을 다시금 곱씹어 보았다. 남들이 아무리 그 사람을 바보라거나 수상하다고 해도 태영이 생각하기에는 멋있었다. 공부도 많이 했으니 얼마든지 돈과 명예를 쥐고 편하게 살 수 있는 사람이었다. 그런데도 가난한 공장 근로자들을 위해 창고를 수리해서 교회를 연다는 것은 어지간한 큰마음이 아니고서는 엄두도 못 낼 일이었다.

그러던 어느 날이었다. 평양에 있는 이화여자전문학교 동창생들이 매년 5월 3일에 여는 개교기념일 행사인 이화주일 예배 준비로 한창 바쁘던 때였다. 태영도 교회에서 합창 연습을 하고 있는데 한 남자가 교회로 들어왔다. 다부진 체격에 깔끔하게 빗어 넘긴 머리, 반짝거리는 안경을 쓴 점잖아 보이는 사람이었다. 굳이 이름을 말하지 않아도

태영은 그 사람이 정일형이라는 것을 단박에 알아보았다. 첫눈에 보기에도 학식과 인품이 풍겨 나오는 외모였다.
"안녕하십니까? 저는 정일형 목사입니다. 매년 이화주일 예배를 드린다는데, 이번에는

저희 교회에서 하면 어떠실지 부탁하러 왔습니다."

정일형은 합창 준비를 하고 있는 모두에게 말을 하고 있었지만, 태영은 어쩐지 그 사람이 자신을 보며 말하는 것처럼 느껴졌다.

"갑자기 그런 말씀을 하시니 뭐라 답해야 할지 모르겠네요."

누군가 나서서 대답하자 정일형은 부드러운 말투로 막힘없이 말을 이었다.

"우리 교회 성도들에게도 고운 찬양을 들려드리고 싶어서 그렇습니다. 한 번도 고운 찬양을 들어 보지 못한 사람들이, 그리고 더 많은 사람들이 찬양을 들으면 좋지 않겠습니까?"

누구도 정일형의 말에 반박할 수가 없었다. 졸업생들은 일단 정일형의 교회에 가 보기로 했다. 태영도 마지못한 듯 따라나섰다.

듣던 대로 공장 창고를 수리한 곳이었다. 하지만 정일형이 구석구석 꾸며 놓아 공장이라는 느낌은 없고 따뜻하고 정겨운 분위기가 느껴졌다. 바로 옆 정일형이 묵는다는 숙소도 보여 주었는데, 사방이 모두 책이었다.

'듣던 대로 공부를 많이 한 분이구나. 공부한 것을 세상에 나눠 주려는 훌륭한 사람이구나.'

그날 이후로 태영과 일형은 마주치는 일도 잦아졌고 둘은 점점 가까워졌다. 곧 두 사람이 사귄다는 소문이 평양 시내에 퍼졌다. 태영은 일형이 싫지 않았지만, 그래도 그런 소문이 나는 것이 부담스러웠다. 태영의 집에서도 난리가 났다.

"태영아, 그 사람은 안 된다. 미국에서 박사를 땄으면 뭐 하고, 연희전문학교 교수였으면 뭐 하나? 어쨌거나 가난한 집에 홀어머니 모셔야 하는 외아들이고, 지금은 돈도 잘 못 버는 목사 아니냐? 네가 얼마나 고생하며 살았는데, 시집가서까지 고생하게 놔둘 수는 없다."

태영의 어머니는 울먹거리며 태영을 말렸다.

"어머니, 그런 거 아니에요. 소문이 이상하게 난 거예요. 아무 사이 아니에요."

"그렇지? 내 동생 태영이는 부잣집에 시집가서 하고 싶은 공부 마음껏 하고 살아야 한다."

태영의 오빠들도 일형을 반대하며 다른 신랑감을 부지런히 알아보았다. 자칫하다가는 소문에 떠밀려 태영을 일형에게 시집보낼지도 모른다는 생각에 가족들은 마음이 급했다.

그런데 이상한 일이었다. 가족들이 말리면 말릴수록 태영은 더욱 일형에게 마음이 쓰였다. 일형도 태영의 주변을 맴돌며 틈만 나면 태영에게 편지를 보내기도 하고 태영과 만날 빌미를 만들고는 했다.

그러던 어느 날이었다. 태영이 지독한 열병으로 병원에 입원하게 되었다. 태영이 편지에 답장도 없고 잘 보이지 않아 상심하던 일형은 태영이 입원했다는 사실을 나중에야 알고 부랴부랴 병원으로 찾아왔다.

"이 선생님! 이렇게 아픈 줄 몰랐습니다. 도대체 어떻게 된 겁니까?"

일형은 태영의 얼굴색을 살피고 나서야 들고 온 케이크와 함께 책을 내밀었다.

"이 선생님이 병원에 있는 동안 읽으면 좋을 것 같아서 책을 몇 권 가져왔습니다. 다 읽는 대로 같이 이야기를 나눠 보면 좋을 것 같습니다."

병원까지 책을 사 들고 온 일형을 보며 태영은 웃을 수밖에 없었다. 그리고 일형은 정말 날마다 병원으로 찾아와 태영과 책 이야기도 나누고 미래의 꿈에 대한 이야기도 나누었다.

"저는 이 선생님이 공부를 많이 해서 더 큰일을 하실 분이라고 굳게 믿습니다. 저 같은 사람도 미국에서 공부했는데, 이 선생님 같은 수재는 너끈히 하실 수 있지요."

일형은 태영에게 계속 공부할 수 있다고 용기를 주며 격려했다. 일형과 함께 있으면 태영은 어느새 넓은 세상에서 깊은 공부를 하는 꿈을 꾸었다.

일형을 탐탁지 않게 여기던 태영의 가족들도 병원으로, 태영이 퇴원하고 나서는 집으로 매일 찾아오는 일형의 정성에 조금씩 마음의 문을 열었다. 보면 볼수록 일형이 정중하고 반듯했을 뿐 아니라 무엇보다 그와 이야기를 나누는 태영이 행복해 보여 무조건 반대할 수도 없었다.

"사실 이 선생님을 처음 본 건 서울 정동교회에서였습니다. 이화여자전문학교 크리스마스 음악회에서 독창을 하는 이 선생님을 보고 첫눈에 반했지요. 주변 사람들도 모두 입을 모아 이 선생님을 칭찬해서 더욱 인상적이었습니다. 웅변대회에서 일 등을 했다는 소식도 다 듣고 있었지요. 허허."

첫눈에 반해 눈여겨보고 있었다는 일형의 말에 태영은 얼굴이 발그레해져 고개를 숙였다.

'가진 것이 없어도, 평생 가난하게 살아도 이 사람과 함께라면 세상이 무섭지 않을 것 같아.'

1936년 12월 26일, 태영과 일형은 결혼식을 올렸다. 전날 장식해 놓은 크리스마스 트리 앞에서 평생 함께하겠다는 약속을 했다. 혼수로는 태영의 시어머니가 직접 목화를 심고 실을 뽑아 만든 무명 열 필과 한 돈짜리 백금 가락지가 전부였다.

## 길고 길었던 겨울

"이제 나는 교회 일에 집중하련다. 집안일은 모두 너에게 맡기겠으니 네가 알아서 하렴."

태영의 결혼식 다음 날, 시어머니는 태영에게 집안일을 맡기고 아침 일찍부터 교회 일에 매달렸다. 일형이 꾸리는 교회는 전도사 월급도 제대로 주지 못하는 곳인 만큼, 시어머니까지 나서서 일을 도와야 겨우 일손을 메꿀 수 있었다.

시어머니가 집을 나서자 태영은 집을 구석구석 살펴보았다. 작은 방 두 개가 있는 밋밋한 집에 변변한 살림살이 하나 없었다. 벽장에는 빨랫감이 수북했고, 창문으로는 찬 바람이 숭숭 들어왔다.

다른 사람들 같으면 신혼여행을 갔을 테지만 태영은 하루 종일 물을 데워 묵은 빨래를 했다. 결혼식 예복도 손수 만들 만큼 솜씨가 좋았던 태영은 고운 색의 천으로 커튼을 만들어 창문에 달았다. 그리고 여기저기 흩어진 책을 가지런히 꽂아 집 안을 정리했다.

저녁 늦게 들어온 일형은 달라진 집 안을 보며 활짝 웃었다.

"당신이 들어오고 나니 집이 확 달라졌어요. 어쩜 이리 아늑해지는지. 당신 덕분에 더욱 열심히 일할 수 있겠어요."

기뻐하는 일형을 보자 태영도 더욱 힘이 났다.

"제가 힘닿는 데까지 뒷바라지할게요. 당신은 교회 일 열심히 하세요."

일형이 번 돈은 대부분 교회 운영에 쓰였고, 생활은 태영이 번 돈으로 했다. 넉넉한 형편은 아니었지만 태영은 결혼 생활이 즐거웠다. 퇴근길에 이것저것 반찬거리를 골라 집에서 저녁상을 차리는 것도 재미있었다. 요리 솜씨도 좋아 시어머니에게 음식이 맛있다는 이야기를 듣는 것도, 일형이 밥풀 하나 남기지 않고 그릇을 싹싹 비우는 것도 뿌듯했다.

하지만 아기자기한 신혼의 단꿈을 꾼 것도 잠시였다. 태영이 임신한 사이 일형은 서울로 이사를 가야 했기 때문이었다. 감리교 신학대학 교수로 재직하라는 감리교 본부의 명령도 있었고, 가서 항일 운동을 하려는 일형의 뜻도 있었다.

만삭이었던 태영은 일형을 먼저 보내고 첫딸을 낳자마자 아기와 함께 서울로 향했다. 그런데 태어난 지 얼마 되지 않아 기차를 탔던 것이 힘들었는지 아기는 열병을 앓기 시작했다. 태영은 그저 감기라고 생각하며 며칠간 집에서 보살폈는데, 아기는 좀처럼 열이 떨어지지 않고 기운을 차리지 못했다. 태영은 아기를 안고 병원으로 달려갔다.

"우리 아기가 이상해요. 열이 떨어지지 않고 자꾸 축축 늘어져요."

태영이 병원에서 밤낮으로 아기를 간호했지만 아기는 결국 태어난 지 몇 개월 만에 하늘의 별이 되었다.

"연숙아! 이 못난 어미를 용서해 다오. 하늘에서는 아프지 말고 건강하게 살아라."

연숙이라는 아기 이름을 지어 놓고 몇 번 부르지도 못했는데, 아기는 태영과 일형의 곁을 떠나갔다.

끔찍이도 춥고 긴 겨울이었다. 일본은 조선에 점점 더 악독하게 굴었고, 일형은 학교 일도 바빴지만 일본 경찰에 불려 다니느라 더 바빴다. 아기를 가슴에 묻은 태영은 집에서 멍하니 앉아 시간을 보내고는 했다. 손발이 차갑게 얼었지만 불을 피울 생각도, 옷을 더 겹쳐 입을 생각도 하지 않았다.

'우리 연숙이는 차가운 땅속에 누워 있는데, 어미가 혼자 따뜻이 지낼 수 없지.'

안 그래도 앙상했던 태영은 더욱 말랐고 얼굴은 까칠해졌다.

"여보! 우리 아기 연숙이는 하늘나라에서 따뜻하고 편안히 잘 있을 거예요. 당신도 얼른 기운 차려요. 우리 연숙이도 그것을 바라고 있을 거요."

일형의 말에 태영은 퍼뜩 정신이 들었다. 우울해한다고 연숙이 살아 돌아오는 것도 아니었고, 태영의 이런 모습을 연숙이 바라는 것도 아닐 터였다.

'그래, 우리 연숙이 곁에 가는 날까지 엄마가 부끄럽지 않도록 열심히 살게. 연숙아, 우리 나중에 다시 만나자.'

태영은 교사로 취직했고, 얼마 후 딸 진숙을 낳았다. 태영은 정성을 다해 진숙을 키웠다.

그런데 일형을 감시하는 일본의 눈길이 점점 날카로워졌다.

"한국 농촌의 실상을 조사하여 미국에 팔아넘겼지?"

경찰은 일형에게 국제 스파이라는 누명을 씌워 수시로 잡아갔다. 그러고는 고통스럽게 고문을 하다가 풀어 주고 또 잡아다가 모질게 고문하기를 반복했다. 그때마다 일형의 몸은 회복하기 힘들 정도로 망가졌다.

1942년 여름, 일본 헌병대는 일형을 또다시 붙잡아 갔다.

"정일형! 유언비어*를 퍼트린 죄로 체포한다!"

일형의 동료인 송흥국 목사가 일형을 문병 왔을 때 나눴던 말이 문제였다.

"일본이 이리 날뛰어도 걱정하지 마시오. 미국은 일본의 군사력과 비교할 수 없을 정도로 막강하니, 일본은 곧 패망할 것이오."

일형을 시시때때로 감시하고 있던 헌병대가 그 말을 빌미 삼아 일형을 다시 잡아간 것이었다. 겉으로는 유언비어를 퍼트린 죄, 국제 스파이 등 온갖 핑계를 댔지만, 사실은 일제에 반대하는 사람들이 모여 있는 감리교 신학대학을 없애기 위한 일본의 작전이었다.

헌병대는 일형을 평양 경찰서로 끌고 가서 감옥에 가둬 놓고, 태영 또한 잡아들여 조사했다.

"너도 남편을 도와 유언비어를 만들고 사람들을 선동했지?"

* 유언비어(流言蜚語) : 아무 근거 없이 널리 퍼진 소문

일본 경찰은 태영을 구속하지는 않았지만 날마다 찾아와 대문을 두드리며 소란을 피우고 태영을 끌고 갔다. 처음에는 대문 두드리는 소리만 나도 가슴이 철렁 내려앉던 태영은 시간이 갈수록 오기가 생겼다.

'그래. 죽기 아니면 까무러치기지. 어디 너희가 이기나 내가 이기나 해 보자. 나는 끝까지 싸워서 이기고 말 테니까.'

태영은 피가 나도록 입술을 앙다물며 주먹을 불끈 쥐었다. 마음을 그렇게 먹으니 두려울 게 없었다. 일본 경찰들이 아무리 눈을 부릅뜨고 소리를 질러도 태영은 눈 하나 깜빡하지 않았다.

"이 여편네가 혼찌검이 나 봐야 정신을 차리고 말을 똑바로 할 텐가?"

경찰들이 태영의 어깨를 잡고 흔들자 태영은 그들의 손을 와락 떨치며 소리를 질렀다.

"감히 어디서 반말이냐? 나는 엄연한 교사이자 어엿한 엄마다. 내 몸에 손끝 하나라도 대면 너희가 먼저 죽을 줄 알아라!"

서슬 퍼런 태영의 태도에 경찰들이 잠깐 움찔했다.

"뭣들 하는 거야? 당장 잡아 혼쭐을 내지 않고!"

경찰 간부도 지지 않고 태영을 위협하자 태영은 벌떡 일어나 그

간부에게 달려들었다. 손톱을 바짝 세워 그의 얼굴을 할퀴고 옆에 있는 것들을 닥치는 대로 들어 다가오는 경찰들에게 집어 던졌다.

"오냐! 너 죽고 나 죽고다! 그러나 절대 나 먼저 죽지는 않을 거다!"

태영은 바락바락 악을 쓰며 경찰들을 물어뜯고 할퀴며 난리를 피웠다. 옆에 있는 의자를 번쩍 들어 집어 던지고 태영이 정신을 잃으면 물을 끼얹으려 경찰들이 준비해 둔 물 양동이도 먼저 번쩍 들어 경찰들을 향해 끼얹었다.

"덤벼 봐라! 한 놈도 가만두지 않을 테니!"

태영의 눈에서는 불이 뿜어져 나오는 듯했다. 세상에 다시없이 악랄한 일본 경찰들도 태영의 독기 어린 눈빛을 보고는 입을 다물지 못했다. 어쩔 수 없이 그들은 손끝 하나 대지 못하고 태영을 돌려보냈다.

그렇다고 그들이 태영을 가만히 내버려 둔 것은 아니었다. 날마다 찾아와 취조실로 끌고 갔고, 말도 안 되는 소리로 협박하고 으름장을 놓는 것도 여전했다. 그러나 태영은 더욱 단단해져 갔다. 어떤 때는 호랑이보다 더 사나운 눈빛으로 매섭게 노려보기도 했고, 어떤 때는 말 한마디 없이, 표정 하나 변하지 않고 눈을 감고 앉아 있다 돌아오고는 했다.

'이 모든 것이 나라 잃은 설움이다. 힘없는 설움이다.'

태영은 차가운 평양 감옥에서 나라를 되찾고자 모진 고문을 견디고 있을 남편 일형을 생각하며 쓰디쓴 눈물을 꺽꺽 삼켰다.

무던히도 긴 겨울이었다.

## 💬 누비이불을 머리에 이고

한 달에 한 번 태영이 평양 감옥에 있는 일형을 찾아가는 길은 눈물의 길이었다. 태영은 학교에서 퇴근하자마자 집에 가서 시어머니와 아이들 먹을 밥을 해 놓고 평양 가는 경의선 기차를 타고 밤늦게 평양에 도착했다. 따로 묵을 곳도, 여관에 갈 돈도 없었다. 태영은 대동강 철교 밑에 쪼그리고 앉아 꼬박 밤을 새웠다. 거지들이 몸을 누이는 그곳에서 태영도 같이 시간을 보냈다.

아는 사람 집에 묵을 수도 있었지만, 혹시 그 사람들에게 피해가 갈까 걱정이 되었다. 그리고 서글픈 마음을 들키기도 싫었다. 아는 사람을 만나면 억지로 붙잡고 있는 마음이 와르르 무너져 버릴 것 같았다.

  태영이 그렇게 힘들게 찾아가 겨우 만난 일형은 다달이 절망적이었다. 어느 때는 동상에 걸려 발톱 열 개가 다 얼어서 빠져 버렸고, 어느 때는 코와 귀에서 진물이 줄줄 흘러내렸다. 이전에 고문당했던 몸이 회복되지도 않았는데 또 고문당하고 차가운 감옥 생활을 하고 있으니 사람 몸이 온전할 리 없었다.

  "콜록콜록! 당신도 고생이 많을 텐데……. 콜록콜록, 미안하오. 콜록콜록!"

  일형은 쉴 새 없이 기침을 하면서도 태영과 가족들 걱정을 했다. 기침을 틀어막는 일형의 손에 피가 묻어났다. 게다가 신경통 때문에 제대로 걷지도, 앉지도 못했다.

  "이대론 안 되겠어요. 당신이 살아야 우리 가족이 살고, 나라를 위한 일도 하지요. 제가 약을 구해 볼 테니 당신은 꼬박꼬박 잘 챙겨 드셔야 해요."

  태영은 서울로 돌아와 기침과 신경통에 좋은 약을 구했다. 약값만 해도 오십 원이었다. 약의 효과가 좋으려면 보양식도 잘 먹어야 해서 몸에 좋은 음식도 넣어 주어야 했다. 평양까지 오가는 차비도 만만치 않았다. 시어머니와 아이들과 함께 사는 데 필요한 생활비도 태영의 몫이었다. 태영의 한 달 월급이 육십 원이었는데 한 달에 드는 돈은 못해도 2백 원이었다. 어디서 돈을 빌릴 수도 없었고 그렇다고 집에 내다 팔 것도 없었다.

그러던 어느 날, 이화여자전문학교 가사과 교수가 태영의 소문을 듣고 찾아왔다.

"자네가 고생이 많다던데, 누비이불 장사를 해 보면 어떻겠나? 자네는 솜씨도 좋으니 돈을 꽤 벌 수 있을 걸세."

"제가 장사를요?"

태영은 생전 장사를 한다는 생각을 해 본 적이 없었다. 그러나 이것저것 가릴 때가 아니었다. 태영은 그길로 누비이불 파는 가게를 찾아가 어떻게 하면 누비이불 장사를 할 수 있는지 물었다. 우선 돈을 내고 조합에 가입해야 재료도 살 수 있고 장사를 할 수 있는 자격도 얻을 수 있다고 했다.

태영의 딱한 사정을 들은 조합장 부인은 태영에게 조합 가입비도 받지 않고 조합에 넣어 주었고, 누비이불 만드는 법도 친절히 알려 주었다.

"고맙습니다. 이 은혜는 평생 잊지 않겠습니다."

태영은 조합장 부인 앞에서 엉엉 울었다. 부인은 태영을 안아 주며 등을 다독였다.

"살다 보면 이렇게 힘든 때도 있는 법이라오. 잘 버티면 또 살 만해질 거예요."

한참을 울고 난 후, 태영은 눈물을 쓱쓱 닦으며 누비이불 만드는 법을 배웠다. 재료 살 돈도 없어 교수가 보증을 서서 빌린 돈 오십 원으로 누비이불 재료를 샀다. 오십 원이면 누비이불 두 채를 만들 수 있었다. 재료를 사서 가는 태영의 발걸음이 오랜만에 구름 위를 걷는 듯 가벼웠다.

'이제 이 이불을 팔아서 남편 옥바라지를 할 수 있을 거야. 우리 아기 배도 곯지 않겠지.'

천을 끓어다 염색을 하고, 가위로 잘라 재봉질을 하면 이불 한 채가 만들어졌다. 태영은 그렇게 만든 누비이불 두 채를 머리에 이고 골목을 돌아다녔다.

"이불 사세요. 누비이불 사세요."

태영은 낮에는 학교 교무주임이었는데, 퇴근하고 나면 여기저기 떠돌아다니며 이불을 파는 누비이불 장수가 되었다. 처음에는 목구멍에 소리가 걸려 이불 사라는 말도 차마 나오지 않았다. 날은 뉘엿뉘엿 저무는데 머리에 인 이불은 펴 보지도 못하고 집으로 돌아가게 생기자 태영은 마음을 다잡으며 이를 악물었다.

'그래! 내가 도둑질을 하는 것도 아니고 부끄러운 일을 하는 것도 아니잖아.'

이불을 팔아야 남편과 시어머니, 아기를 돌볼 수 있다고 생각하니 태영은 부끄러운 것도 힘든 것도 없었다.

"이불 사세요! 따뜻하고 고운 비단으로 만든 누비이불 사세요!"

태영이 목소리를 높이자 어느 집에서 태영을 불렀다.

"어이, 아줌마! 이불 좀 봅시다."

태영은 얼른 달려가 이불을 펼쳤다. 솜씨와 눈썰미가 좋은 태영이었기에 이불을 펼쳐 놓자 태영을 불렀던 사람의 눈빛이 확 달라졌다.

"오, 바느질 마무리도 꼼꼼하고 색도 곱네요."

"고맙습니다. 제가 정성껏 만들었어요."

그렇게 첫 번째 이불을 팔자 태영은 용기가 생겼다. 태영의 솜씨도 점점 입소문이 나서 어느 큰 가게에서는 주문 받은 이불을 다 태영에게 만들어 달라고 하기도 했다. 장사가 잘되고 이불이 많이 팔리면 돈을 많이 벌 수 있었지만 태영의 일은 점점 많아졌다.

태영은 명주 수십 필을 사서 염색하고 홍두깨*로 일일이 다림질을 했다. 그다음에 천을 이불 크기로 잘라 솜을 넣고 재봉틀을 돌려 누비이불을 만들었다. 밤을 꼬박 새워야 주문받은 일을 다 해낼 수 있었다. 그렇게 밤을 새우고는 다시 학교에 출근해야 했다.

"이태영 선생님! 왜 이렇게 손이 까매요?"

• **홍두깨**: 다듬잇감을 감아서 다듬이질할 때에 쓰는, 단단한 나무로 만든 도구

어느 날, 동료 교사가 태영의 손을 보더니 깜짝 놀라 물었다. 태영은 그제야 손을 살펴보았다. 정말 손가락 끝이 까맣게 변해 있었다. 하도 이불 염색을 많이 하다 보니 태영의 손까지 까맣게 물든 것이었다.

"어디 아파요? 아님 뭐가 묻은 건가?"

동료 교사가 다가와 태영의 손을 만지려 하자 태영은 얼른 손을 뒤로 감추며 고개를 저었다.

"아까 숯을 만졌더니 이렇게 되었나 봐요. 얼른 씻을게요."

태영은 화장실에 가서 손을 씻으며 자신의 손을 자세히 들여다보았다. 바느질하느라 여기저기 찔린 흔적, 제대로 들지 않는 가위와 씨름하며 천을 자르느라 휘어 버린 엄지손가락, 무엇보다 염색하다 까맣게 물들어 버린 손가락 끝은 아무리 비누로 씻어도 색이 돌아오지 않았다.

"곱던 손이 다 사라졌네……."

태영은 거울을 들여다보았다. 하얗고 맑은 피부의 태영은 간데없고 누렇게 뜬 얼굴에 기미가 잔뜩 끼어 있었다. 얼마 전 큰올케가 태영을 보고도 못 알아볼 정도로 태영의 얼굴은 형편없이 축나 있었다.

태영은 그 뒤부터 사람들 앞에 서면 의식적으로 손을 감추었다. 손이 왜 그러냐는 눈빛도 받기 싫었고, 누비이불 장사를 하게 된 이유를 구구절절 말하기도 싫었다.

염색약이 독하니 기관지가 상해 태영은 목소리도 변했고 기침이 자꾸 나왔다. 밤새 재봉틀을 돌리고 이불을 이고 골목을 돌아다니느라 발이 퉁퉁 부어 신발이 맞지 않기도 했다. 그래도 일형을 살리고 가정을 꾸리기 위해서는 그만둘 수 없었다.

어느 날, 태영의 어머니가 태영을 찾아왔다.

"태영아, 네가 이불 장사를 한다던데 그게 정말이냐?"

가난한 집안에 딸을 시집보내는 것을 가슴 아파하던 어머니는 태영이 사는 것을 보고 아무 말도 없이 같이 이불을 이고 나섰다.

"어머니, 무거워요. 놔두세요. 제가 할게요."

태영이 어머니의 머리에서 이불을 끌어내리려 했지만 태영의 어머니는 당차게 이불을 부여잡고 놓지 않았다.

"자식이 힘든 것보다 더 힘든 일은 없다. 이까짓 이불 몇 채 들고 돌아다니는 것쯤은 아무것도 아니다."

어머니는 성큼성큼 태영보다 앞서 걸었다. 작은 체구의 어머니가 태영은 더없이 서글프고 든든해 보였다.

"어머니…….."

 태영의 어머니가 도와준 덕분인지 다행히 장사는 곧잘 되어 제법 돈이 모였다. 이화여자전문학교 교수들과 친구들이 일부러 태영의 누비이불을 넘치게 사 준 덕도 컸다.

 "평생 할 고생, 한꺼번에 해치우고 말 테다! 고생아, 올 테면 얼마든지 와 봐라!"

 태영은 까매진 손을 불끈 쥐며 다시 한번 이를 악물었다.

## 보따리를 바꿔 멥시다

시간이 흘러 일형은 건강이 악화되어 감옥에서 나오게 되었다. 하지만 서울에서 떠나 살라는 명령이 떨어졌다. 일형은 홀로 태영의 고향인 운산으로 떠났다. 태영은 혼자 장사를 하면서 서울에서 살았지만, 나라 분위기가 심상치 않아 아무래도 친정으로 가는 것이 좋을 듯했다. 태영은 아이들을 데리고 남편을 뒤따라 운산으로 갔다.

그사이 태영의 어머니는 세상을 떠났지만 두 오빠가 있는 고향은 그래도 어머니의 품을 떠올리게 해 주는 따뜻한 곳이었다. 태영은 사람들을 만날 때마다 말했다.

"삯바느질 맡기실 일 있으면 언제든 주세요. 싸게 잘해 드릴게요."

태영은 운산에서도 바느질을 시작하여 생계를 꾸렸다. 일형은 집 밖으로 거의 나가지 않고 날마다 책만 읽었다.

어느 날, 태영이 밖으로 나가려는데 방에 있던 일형이 문을 벌컥 열며 뛰어나왔다.

"여보! 끝났어요! 이제 끝났어!"

태영의 손을 맞잡은 일형은 경중경중 뛰며 눈물을 흘렸다. 무슨 영문인지 몰랐지만 목이 메어 다음 말을 잇지도 못하는 일형의 모습에 태영의 눈에도 눈물이 그렁그렁 맺혔다.

"여보, 뭐가 끝났어요? 혹시……."

태영은 생각하고 있는 것을 차마 입 밖에 내지 못하고 주위를 조심스레 살폈다.

"맞소! 광복이 됐어요! 우리나라가 해방됐단 말입니다!"

"오! 감사합니다! 감사합니다!"

태영과 일형은 삼 남매를 껴안고 엉엉 울었다. 도무지 끝날 것 같지 않던 긴 겨울이 드디어 끝나고 봄이 찾아온 것 같았다. 결혼 후 십 년간의 서러움과 광복의 감격이 어우러져 태영의 눈물은 그칠 줄 몰랐다.

"대한 독립 만세!"

"해방이다!"

동네 여기저기에서 만세 소리가 터져 나왔다. 정말 해방이 된 것이었다. 운산에서 일을 할 줄 알았던 일형은 중앙 정부에서 일하게 되어 서둘러 서울로 떠났다. 태영도 뒤따르기 위해 이것저것 살림을 정리하고 그동안 신세 진 동네 사람들에게 인사를 하며 서울로 떠날 준비를 하는데, 일형이 태영에게 편지를 보내왔다.

서울 거리에서 팔을 휘젓고 다녀도 아무도 나를 감시하는 사람이 없습니다. 그동안 부족한 남편 뒷바라지하느라 고생 많았어요.

여보, 이제 보따리를 바꿔 멥시다. 이제 내가 당신의 평생 소원인 법률 공부를 뒷바라지하겠으니, 얼른 서울로 와요.

태영은 일형의 편지를 읽고 또 읽었다. 한 글자, 한 글자 남편의 뜨거운 진심이 느껴졌다. 팔을 휘젓고 다녀도 아무도 따라오는 이가 없는 자유를 얻었다는 것이 눈물 나게 기뻤고, 그동안의 고생을 안타까워하며 이제 자신의 소원인 법률 공부를 마음껏 하라는 마음 쓸쓸이도 고마웠다.

태영은 그길로 당장 사과 상자에 넣어 두었던 법학 책을 꺼내 보았다. 이화여자전문학교 시절부터 한순간도 마음에서 떠나보낸 적 없는 그리운 책이었다. 한 글자씩 곱씹고 한 줄 한 줄 밑줄 치며 열심히 공부한 흔적이 뽀얀 먼지 속에 고스란히 남아 있었다.

태영은 아이들을 데리고 서울로 가는 기차 속에서 《법학통론》을 두 번이나 읽었다.

서울로 돌아온 어느 날, 태영은 길거리에 붙은 광고를 보게 되었다. 중앙 정부에서 사법요원양성소에 들어갈 자격 시험을 실시한다는 것이었다. 태영은 아직 본격적으로 공부를 시작하지도 않았고, 법학을 제대로 전공한 것도 아니라 망설여졌다. 하지만 주저하다가 오랜 꿈인 법조인이 될 수 있는 기회를 놓치고 싶지는 않았다.

태영은 시험을 보러 갔다. 그러나 막상 시험지를 보니 앞이 캄캄했다. 결혼한 후 십여 년간 먹고사느라 법학 책을 들춰 보지도 못했는데 무모한 배짱으로 설불리 시험을 치러 온 것 같았다.

시험 결과를 발표하는 날, 태영은 삼십오 점이라는 숫자를 보고 얼굴이 화끈 달아올랐다. 게다가 시험지에는 채점한 교수의 평가가 날카롭게 쓰여 있었다.

'당신은 희망이 없으니 단념하시오.'

집에 돌아온 태영이 속상하고 부끄러워 어쩔 줄 몰라 하자 일형은 태영을 위로했다.

"첫술에 배부를 수 있겠어요? 분명히 또 기회가 올 것이니 준비하면서 기다립시다."

"아예 희망이 없다잖아요. 부끄러워서 고개도 못 들겠어요."

태영이 울먹거리자 일형은 태영의 어깨를 감싸 안아 주었다.

"당신을 보지도 못한 남들의 말에 신경 쓰지 말아요. 당신을 오래 본 내가 장담하는데, 분명 꿈을 이룰 거예요."

태영은 한숨을 쉬며 법학 책을 내려다보았다. 법을 공부하여 어려운 사람을 도와주고 싶은 것은 태영의 오랜 꿈이었다. 어릴 적에는 태영에게 변호사가 되라는 큰오빠의 말에 뭔지도 모르고 변호사가 되고 싶었는데, 공부를 하면 할수록 법조인은 태영의 진짜 꿈이 되었다. 법을 제대로 공부해서 어려운 사람들을 도와주고 싶었고, 나라의 발전에 보탬이 되고 싶었다.

그런 태영에게 제대로 법을 공부할 기회가 왔다. 그동안 남학생만 뽑던 서울대학교가 1946년부터 남녀 공학으로 바뀌며 여학생도 뽑기로 한 것이었다. 태영의 나이 서른한 살 때였다.

"여보, 이번 기회에 정식으로 법을 공부하고 싶어요. 서울대학교 법학과에서 여자도 뽑는다니 도전해 보고 싶어요."

"그래요. 집안일은 아무 걱정도 하지 말고 얼마든지 공부해요. 당신은 분명 나라를 위해 큰일을 할 거예요."

태영은 돌봐야 할 아이가 셋이었고, 남편을 뒷바라지하며 생계를 꾸리느라 공부와 멀어진 지 어느덧 십 년이었다. 그래도 이화여자전문학교를 다닐 때 가방을 두 개씩 들고 다니며 법학을 공부한 것이 서울대학교 법학과를 입학할 때 큰 도움이 되었다.

입학한 다음 해 막내딸 미숙이 태어났다. 태영은 점심시간에 막내딸을 데리고 나오게 한 뒤, 아무도 없는 숲으로 데리고 가서 젖을 먹였다.

남학생들은 비가 오든 바람이 불든 공부에 전념했지만 태영은 비가 오면 장독대와 빨래가 눈에 아른거렸고, 바람이 불면 아이들이 감기에 걸리지 않을까 걱정이 되었다. 학교 수업을 마치면 반찬 걱정에 뛰다시피 집으로 돌아갔다.

"여보, 집안일은 신경 쓰지 말고 마음껏 공부만 하라니까요."

일형이 아무리 말해도 태영의 눈에는 아이들과 집안일이 자꾸 보였다.

그러던 어느 여름 방학, 태영과 같이 공부하던 남학생들이 보이지 않고 연락도 되지 않았다. 무슨 일인가 싶어 찾아다녔더니 남학생들은 모여서 공부를 하고 있었다. 눈 밑에 파스를 발라 놓고, 혹시라도 꾸벅 졸면 촛불에 머리카락이 타도록 책상 앞에 촛불 하나씩을 켜 놓은 채였다. 옷까지 훌훌 벗어 던지고 속옷 하나 입고 공부하는 열정에 태영은 깜짝 놀랄 수밖에 없었다.

'저 정도 마음가짐으로 공부해야 뭘 해도 하는 거구나.'

그날부터 태영도 방에 틀어박혀 눈에 불을 켜고 공부했다. 태영이 졸업 때까지 우수한 성적을 유지할 수 있었던 것은 이런 자세 덕분이었다.

그러나 졸업하던 해 치른 법조인 자격 시험인 고등 고시에서 태영은 또다시 불합격하고 말았다. 국사 과목이 낙제였다. 일제 강점기에 학교를 다니느라 국사를 제대로 배우지 못한 탓이었다.

슬퍼할 겨를도 없이 6·25 전쟁이 터졌다. 1950년 여름, 태영은 다시 보따리를 싸서 피난을 가야 했다.

## 전쟁을 넘어 이룬 꿈

태영의 가족은 전쟁을 피해 부산으로 내려왔다. 태영은 우연히 부산에서 제2회 고등 고시를 실시한다는 소식을 듣게 되었다.

"여보, 딱 한 번만 더 시험을 보고 싶어요. 시험도 못 보면 너무 한이 될 것 같아요."

"여보, 잘 생각했어요. 그런데 이 집에서는 공부에 집중이 안 될 것이니 따로 방을 구해 공부해 보는 건 어떨까요?"

태영의 가족들은 피난살이를 하느라 작은 방을 구해 옹기종기 살고 있었다. 그러다 보니 태영이 따로 공부할 공간도 없었고 공부를 할 수도 없었다. 태영도 공부할 수 있게 지원해 달라고 부탁하고 싶었지만 차마 입이 떨어지지 않았는데, 일형이 먼저 말을 꺼내 주니 태영은 더없이 고마웠다.

"고마워요, 여보. 정말 열심히 공부할게요."

태영은 그길로 작은 하숙집을 구하고 혼자서 공부에 파묻혔다. 아이들이 아무리 보고 싶어도 태영은 눈을 질끈 감으며 마음을 꾹꾹 다잡았다. 일형도 태영의 의지가 약해지지 않도록 도왔다.

"엄마는 언제 와요?"

"엄마 보고 싶어요."

아이들이 아무리 엄마가 보고 싶다고 칭얼대도 일형은 꿈쩍도 하지 않았다.

"엄마는 지금 큰일 하고 계신다. 보고 싶어도 참아야 한다."

태영은 해도 뜨기 전 꼭두새벽에 일어나 뒷산에 올랐다. 그리고 찬물로 세수를 하고는 물을 한 대야 떠 가지고 방 안으로 들어갔다. 공부하다 열이 나면 그 물로 수건을 적셔 머리에 얹어 식혔다. 졸음이 오면 또 물에 적신 수건으로 얼굴과 목을 닦았다.

피난살이 중이라 책을 마음대로 살 수도 없어서 태영은 여기서 한 권, 저기서 한 권을 얻어 공부해야 했다. 그렇게 한 번도 방에서 나오지 않고 공부하다 보면 어느새 다시 새벽이었다. 태영이 이렇게 열심히 공부하는 것을 보고 돈도 안 받고 태영의 삼시 세끼를 챙겨 주는 아주머니도 있었다. 태영은 그런 사람들을 생각해서라도 열심히 공부하지 않을 수 없었다.

'내가 자식들도 떼어 놓고 남편과 시어머니를 고생시키며 공부하는데 허투루 해서는 안 되지.'

태영은 앉은 자리에서 움직이지 않고 공부만 하느라 나중에는 삼베 방석이 해어져 솜처럼 뭉개질 정도였다.

시간이 흘러 드디어 제2회 고등 고시가 실시되었다. 태영은 우수한 성적으로 고등 고시에 합격했다.

"가정주부가 당당히 법조인이 되었다!"

"우리나라 최초의 여성 법조인 탄생!"

기자들은 태영이 고등 고시에 합격한 처음이자 유일한 여성이라며 취재를 위해 몰려들었다. 심지어 아이가 넷이나 딸린 서른일곱 살 가정주부가 고등 고시에 합격했으니 신문에서 떠들썩하게 기사를 내는 것도 당연했다.

태영의 가족들도 기뻐했다. 태영이 서울대학교 법학과를 졸업하며 "졸업장의 사분의 일은 어머니 것이에요."라고 말했을 때 "그래."라고 딱 한마디 했을 뿐이었던 태영의 시어머니도 이번에는 기쁜 마음을 그대로 표현했다.

"고생했다. 우리 며느리가 참 큰일을 했구나."

"어머니 덕분이에요. 어머니도 고생 많으셨어요."

태영은 가족들 그리고 자신을 도와준 여러 사람들에게 조금이나마 보답을 한 것 같아 마음이 조금 가벼워졌다.

태영이 고등 고시에 합격하자 여성 단체들이 돈을 모아 태영을 축하해 주었다.

"이 땅 5천 년 역사 이래 처음 나온 여성 법조인으로서, 법조계를 이끌어 갈 막중한 책임과 사명감이 있습니다."

태영은 그 축사를 곱씹고 또 곱씹었다. 참으로 무거운 책임감이었다.

'그래! 더 많은 여성 법조인이 나오도록 내가 잘해야 해.'

태영은 다시 어깨가 무거워지는 것을 느꼈다.

고등 고시에 합격한 후, 태영은 검사 시보*와 법관 시보 생활을 하게 되었다. 검사 시보를 할 때는 어려운 사건들도 있었지만, 대체로 어린아이나 스무 살 전후의 청소년 사건을 맡았다. 아이들은 양

* **시보(試補)** : 정식 공무원으로 임용되기 이전에, 알맞은 자격을 지녔는지 판정받기 위해 일정 기간 동안 거치게 되는 시험 기간 중의 공무원 신분

말 한 켤레, 통조림 한두 개, 땅에 떨어진 쌀 몇 줌을 훔쳐 주머니에 넣었다가 잡혀 온 것이었다. 워낙 가난해서 살기 위해 물건을 훔치다 도둑이 된 그들이 태영은 아들 같고 딸 같았다.

"아무리 힘들어도 도둑질을 하면 안 되지."

태영이 부드럽게 말을 걸어도 아이들은 콧방귀를 뀌며 거친 말을 내뱉었다.

"칫! 아줌마가 뭘 알아요? 아줌마가 배가 고파 봤어요?"

그럴 때면 태영은 숱한 가위질로 휘어 버린 손가락을 보여 주며 말했다.

"나도 배를 많이 곯았어. 어떻게든 살아 보려고 누비이불을 만들어 팔다 보니 가위질 때문에 이렇게 손가락도 휘었단다. 이불 천 염색 때문에 손이 새까맣게 변해 버리기도 했지. 그래서 너희 마음을 충분히 안단다."

아이들은 태영의 손을 물끄러미 바라보다가 눈물을 뚝뚝 떨어뜨리며 용서를 빌었다.

"잘못했어요. 이제 다시는 도둑질하지 않고 살게요."

그럴 때면 태영은 아이들을 부둥켜안고 같이 엉엉 울고는 했다.

반대로 태영을 깔보거나 무시하는 사람들도 있었다.

"담배 하나 피웁시다!"

태영이 안 된다고 말하기도 전에 피의자※는 담배 하나를 입에 물더니 다리를 꼬고 삐딱하게 앉았다.

"내가 사실 사기를 좀 쳐서 이익을 보긴 했수다. 근데 뭐 사기를 많이 친 건 아니고 물건 들어오는 날짜를 좀 속인 것이지. 다들 그렇게 사는 건데 그게 뭐 큰일이라고 이렇게 사람을 오라 가라 하는 것인지, 원."

태영은 그 피의자의 말을 서류에 그대로 받아쓰고는 도장을 찍으라고 내밀었다.

"아니, 뭐 하는 거요? 검사도 없는데 이렇게 서류를 작성하는 법이 어디 있소? 우리끼리 한 말에 무슨 도장이오?"

피의자가 태영을 보며 눈을 부라렸다. 그러자 태영이 눈썹 하나 까딱하지 않고 말을 받아쳤다.

"내가 검사 시보요. 내 앞에서 당신이 범죄 사실을 술술 불었지 않소? 담배까지 물고."

"뭐? 여자 검사도 있소? 난 그냥 사무원인 줄 알고……. 아이고, 잘못했습니다. 제발 서류를 다시 작성해 주십시오."

※ 피의자(被疑者): 범죄를 저지른 것으로 의심이 되어 수사 기관의 조사 대상이 되는 사람

피의자는 손이 발이 되도록 싹싹 빌었다.

태영은 시보 생활을 할수록 자신이 법관에 잘 맞는다고 느꼈다. 월급은 적지만 계속 공부할 수 있는 여건이 마음에 들었고, 여성으로서 새로운 길을 열어 보고 싶었다.

시보를 마친 태영은 판사를 지원하고 발령될 날짜를 기다렸다. 시보를 마친 사람들은 자신이 하고 싶은 일에 지원하면 그 일을 할 수 있었다. 그런데 태영의 동기들이 모두 원하는 대로 임명을 받았는데도 태영만 육 개월이 지나도록 소식이 없었다. 이상하다 싶어 태영이 알아보았더니, 위에서 태영의 판사 임용을 거부했다는 것이었다.

"여자가 판사가 되는 것은 아직 이른 일이다. 있을 수 없는 일이다."

태영은 분노를 삭이며 대법원장을 찾아갔다.

"여자라 안 되는 이유가 무엇입니까? 똑같이 공부했고 똑같이 시험에 합격했으며 똑같이 시보 생활을 했는데, 왜 여자는 판사가 되어서는 안 됩니까?"

태영이 아무리 따박따박 따져도 태영에게 판사의 길은 열리지 않았다. 어쩔 수 없었다. 태영은 변호사가 되기로 했다. 사실 원래 태영이 어릴 적부터 꿈꾸던 일은 변호사이기도 했다. 큰오빠가 변호사 이야기를 했던 때부터 막연히 바라던 직업이었기 때문에 변호사가 되는 것도 뜻깊은 일이었다.

우리나라 최초의 여성 변호사가 탄생하는 순간, 태영의 오랜 꿈이 이루어지는 순간이었다.

## 💬 암탉이 울면 달걀을 낳는다

    태영은 변호사가 된 후부터 가족법 개정을 위해 활발히 활동했다. 여성에게 불평등한 법이기 때문이었다. 태영은 장관과 국회 의원을 찾아가 호소하고, 강의할 기회를 만들어 가족법 개정의 필요성을 강력히 주장했다. 웅변을 워낙 잘했던 태영이었기에 강연장은 열기로 들끓었지만 그때뿐이었다.

    신문과 잡지에도 글을 싣는 등 사람들의 관심을 모으기 위해 노력했지만 가족법 개정은 쉽지 않았다. 태영이 강의를 할 때면 전국의 유림●들이 몰려와 목청껏 소리 높여 성차별적인 속담을 외치기

● 유림(儒林) : 중국의 공자가 만든 전통 학문인 유학을 믿고 받드는 무리

도 했다.

"암탉이 울면 집안이 망한다!"

처음 그 소리를 들었을 때, 태영은 벌벌 떨며 마음이 오그라들었다. 하지만 이런 일들을 많이 겪으며 태영의 마음도 차돌처럼 단단해져 갔다.

"암탉이 울면 집안이 망한다니요? 암탉이 울면 달걀을 낳지요. 예전의 잘못된 생각과 제도를 이어 가서는 안 됩니다. 지금 당장 잘못된 법을 고쳐야 합니다. 그래야 우리가 살고, 우리 자식들이 살고, 우리나라가 삽니다!"

그러나 태영의 노력에도 불구하고 아무 성과도 없이 시간이 지나갔다. 가족법 개정이 흐지부지되자 사람들은 태영도 포기한 줄 알았으나 태영의 마음은 조금도 식지 않았다. 오히려 마음 한구석에 아예 가족법 개정을 간직하고 평생의 사명으로 삼기로 했다.

사실 태영의 이런 마음은 태영이 법관 시보로 있을 때부터 생긴 것이었다. 시보 생활을 하던 태영에게 한 남자 검사가 말했다.

"우리 법은 여성한테 참 불리해요. 남녀평등 사상에 기초해서 법을 만들어야 하는데, 높은 사람들에게 그 얘기를 했더니 여자 편만 드냐는 둥, 내시냐는 둥 비난을 해서 망신만 당했지 뭐예요. 다시는 이런 일에 나서지 않을 겁니다."

　태영은 뒤통수를 맞은 듯했다. 법조인들이라면 생각이 트이고 잘못된 법을 앞장서서 고칠 줄 알았는데, 오히려 잘못된 점을 지적하는 사람을 비웃다니 태영은 가만히 앉아 있을 수가 없었다. 어릴 때부터 아들딸을 차별해 공부시키는 사회가 잘못되었다고 뼛속 깊이 느낀 데다, 법을 공부할수록 법이야말로 여성에 대한 차별을 당연시하는 것에 대해 분노가 일었다.

　"여러분, 이대로 가만히 앉아 있어서는 안 됩니다. 남자들이 알아서 법을 고쳐 줄 리 없습니다. 우리가 나서서 고쳐 달라고 요구해야 하고, 반드시 고쳐야 합니다."

　태영은 곧바로 여성 단체를 찾아가 법조계의 현실을 전하고 법을 고치자는 진정서•를 제출하기로 했다.

　"집안의 주인이 무조건 남자여야 한다는 것이 제일 잘못되었어요. 남편이 죽었는데, 아내가 다음 주인이 되는 것이 아니라 돌도 안 된 아들이 주인이 되더라고요."

　"재산도 남편한테 모두 권리가 있더라고요. 새벽부터 밤까지 같

---

• **진정서(陳情書)** : 주로 문제 해결을 위하여 관공서나 공공 기관 등에 낼 목적으로 실제 사정을 적은 글

이 장사하고 집에 와서도 살림은 여자가 더 많이 하는데 재산은 남편 몫이 훨씬 많아요."

"자식들에 대해 어머니는 권리가 없어요. 오직 아버지만 권리가 있고, 아버지가 돌아가시면 아버지 친척들에게 자식들에 대한 권리가 넘어가요."

이것저것 이야기하다 보니 여성이 겪는 불평등은 한두 가지가 아니었다. 집안에서는 물론이고, 사회에서도 여성을 차별하는 법들이 많았다.

태영은 가족법을 고쳐 달라는 진정서를 만들어 여성 단체의 임원들과 함께 대법원장을 찾아갔다. 대법원장은 평소 태영을 아끼고 용기를 주는 사람이었다.

"오, 이태영 시보. 무슨 일이오?"

환하게 맞아 주던 대법원장은 태영이 진정서를 내미는 순간 얼굴에 웃음기가 확 걷히며 표정도 딱딱하게 굳었다. 눈빛이 날카로워졌고, 입꼬리도 내려갔다.

"우리나라의 가족법에 잘못된 점들이 많아 고쳐 달라는 요구서입니다. 여성을 차별하는 내용이 너무 많습니다."

대법원장은 태영이 내민 진정서를 한 번 흘깃 보더니 금세 내려

놓았다.

"내가 살아 있는 동안은 그 법의 한 글자, 한 획도 못 고칩니다."

대법원장의 목소리가 단호했다.

"우선 살펴보시고 말씀해 주세요. 대법원장님께서도 찬찬히 보시면……."

태영의 말을 끊고 대법원장이 소리를 버럭 질렀다.

"이제 막 법조계에 들어온 주제에 벌써부터 법을 고치겠다고 나서? 어디서 배운 건방진 버릇이야?"

대법원장의 호통에 태영은 말문이 막히고 몸이 떨렸다. 아무 말도 못 하는 태영에게 대법원장은 더욱 소리를 질렀다.

"조그만 것이 법을 몇 줄이나 배웠다고 벌써 휘젓고 다녀? 다른 여자들은 불평 한마디 없이 좋다고 잘 살고 있는데, 왜 네가 나서서 난리를 일으키는 거야?"

태영은 믿었던 대법원장의 싸늘한 태도와 호통에 다리가 후덜덜 떨려 서 있는 것조차 힘들었다. 결국 제대로 말 한마디 못 하고 사람들의 부축을 받아 대법원장 앞에서 물러날 수밖에 없었다.

그러나 생각하면 생각할수록 태영은 분해서 가만히 있을 수가 없었다.

'배울 만큼 배웠다는 우리나라 최고 지식인이 그런 마음을 갖고 있으니 나라 꼴이 제대로 될 리가 없다. 내가 기필코 이 가족법을 고치고 말 테다.'

　태영이 변호사가 되자 도움의 손길이 필요한 여자들이 물밀듯 찾아왔다. 변호사 사무실로 사용한 태영의 집 안방은 늘 사연을 안고 온 여자들로 북적였다.

"남편에게 다른 여자가 생겼는데 오히려 저한테 다른 남자가 생겼다고 잘못을 뒤집어씌우려고 해요."

"아들을 못 낳았다고 아무것도 없이 쫓겨났어요. 시집가서 평생 뼈가 빠지게 일했는데. 흑흑! 이대로는 못 쫓겨나요. 제발 도와주세요! 저 좀 살려 주세요!"

"아들 없이 딸만 낳고 남편이 저세상으로 갔어요. 양자를 들이지 않으면 시집에서 남편 재산을 한 푼도 못 준대요. 그냥 맨몸으로 나가래요. 우리 딸들은 어떻게 키워야 되나요?"

어느 사연 하나 딱하지 않은 것이 없었다. 돈도 없고 힘도 없고 법도 모르는 여자들이 태영에게 달려와 눈물 콧물을 흘리며 사정을 쏟아 놓았다.

"제가 도와드릴게요. 걱정하지 마세요. 일단 이걸 써 주세요."

태영이 안심시켜도 마음을 진정하지 못하는 사람들도 많았고, 간단하게 이름과 가족 상황을 써 달라고 종이를 내밀어도 글자를 몰라 한 글자도 쓰지 못하는 사람들도 있었다.

'이런 여자들을 도와야겠구나. 이렇게 한 명씩 진정서를 써 주고 법률적인 해결책을 주는 것보다 더 많은 여자들을 체계적으로 도와야 해. 나 혼자만의 힘으로는 한계가 있어.'

태영은 안방을 벗어나 정식으로 여성법률상담소를 차리기로 하고 여기저기 도움의 손길을 빌리러 다녔다. 하지만 태영이 예상했던 대로 사람들의 반응은 차가웠다.

"혼자 잘해 보세요. 저희는 도와드릴 수가 없습니다."

"그걸 뭐 하러 합니까? 한마디로 여자들을 들쑤셔 일으키겠다는 건데, 그러면 가정과 나라가 더 시끄러워지지 않겠습니까?"

남자뿐 아니라 여자들 중에도 태영의 뜻을 무시하거나 비난하는 사람들이 있었다. 여성 단체에서도 섣불리 나서기 싫어했고, 이화여자전문학교 시절 태영을 딸처럼 예뻐해 준 교수도 반대의 뜻을 내비쳤다.

그러던 중 한 여성 단체가 태영의 말을 귀담아듣고 따뜻이 대해 주었다.

"그래요. 우리 연구원 그늘에서 이 변호사님 하고 싶은 일 마음껏 해 보세요. 사무실도 우리랑 반씩 나누어 쓰면 돼요."

세상은 차갑기만 한 것이 아니었다. 태영이 사무실을 얻었다는 소식이 들리자 무료로 상담해 주겠다는 상담 위원도 열일곱 명이나 구할 수 있었다. 책장, 책상, 서류 정리함 등 자잘한 사무실 집기를 마련해 주는 사람도 있었고, 진심으로 칭찬하며 따뜻하게 격려

해 주는 사람도 있었다. 여기저기서 태영을 돕겠다는 작은 응원이 모였다.

"참 훌륭한 생각입니다. 판사나 검사보다 더 좋은 일을 하네요."

그렇게 태영의 여성법률상담소는 어느 사무실 한 귀퉁이를 빌려 문을 열었다. 예상했던 대로 도움이 필요한 여성들이 더욱 몰려들었다. 직접 올 수 없는 사람들은 편지를 보내고 전화를 했다. 눈물이 방울방울 떨어져 잉크가 번진 편지들을 태영은 밤이 새도록 읽으며 답장을 써 주었다.

답장을 쓰다 보면 어느새 동이 터 오고는 했다. 무성했던 나뭇잎이 떨어지고 가지 위에 소복이 쌓였던 눈이 녹도록 계절이 변하는데 태영은 봄이 오는 것조차 몰랐다.

## 그림자가 아닌 당당한 한 사람으로

상담소 일로 정신없이 바쁜 와중에 태영은 미국 국무성 초청으로 속성 사법 연수를 가게 되었다. 일형이 태영을 격려했다.

"미국 유학 연수에 뽑히다니 정말 대단해요. 여기 일은 걱정 말고 잘 다녀와요."

"어릴 적부터 그토록 유학을 가고 싶긴 했는데, 갑자기 가게 되니 얼떨떨해요."

태영은 상담소를 잠시 다른 사람에게 맡겨 두고 미국으로 떠났다. 다른 남자 법조인 일곱 명과 함께 가게 되었는데, 태영이 나이는 가장 많았지만 경력은 가장 짧았다.

태영은 영어도 부족한 데다 혼자 여자 기숙사에 있으니 공부도 더욱 못 따라가는 것 같고 답답하기도 했다. 태영도 학창 시절부터 꾸준히 영어 공부를 해 왔지만 상담소를 연 이후로는 너무 바빠 영어 책을 들여다볼 시간이 없었다. 다른 이들도 영어를 잘 못하기는 했지만 그들은 서로 토론하며 공부하는 것 같았다. 이대로 있다가는 시간만 버릴 것 같다는 생각에 태영은 남자 숙소를 찾아갔다.

"오늘 수업한 내용을 다 알아들으셨나요?"

태영의 말에 같이 간 법조인들이 뒷머리를 긁으며 머쓱하게 웃었다.

"에이, 반이나 알아들었는지 모르겠습니다."

"왜 이리 말이 빠른지, 우리나라에서는 영어깨나 한다는 저도 반의 반도 못 알아들은 것 같습니다."

남자들도 난감해하는 것은 마찬가지였다. 태영은 옳다구나 싶어서 말했다.

"수업이 끝나면 다 같이 모여 서로 들은 것을 맞춰 보면 어때요? 겹치는 내용은 정리하고, 혹시 못 알아들은 것은 서로 채워 주면 어떨까요?"

태영의 제안에 다들 좋아하며 고개를 끄덕였다.

"좋습니다. 당장 오늘부터 그렇게 합시다."

그렇게 해서 법조인 여덟 명은 저녁마다 머리를 맞대고 모여 강의 내용을 정리하고 서로 토론을 했다. 그렇게 몇 달을 공부하자 모두 영어 실력도 많이 늘고 미국 법률 지식도 정확히 알게 되었다.

그러나 태영이 미국 연수에서 가장 감명 깊었던 것은 미국의 법률 지식이 아니었다. 휴즈와 싱거라는 두 명의 여판사가 태영의 마음을 사로잡았다.

태영과 법조인들이 수업으로 참관한 재판이 끝난 후, 휴즈 판사는 태영을 사무실로 불렀다.

"이 변호사님, 제 사무실로 와 보시겠어요?"

태영은 어리둥절해하며 휴즈 판사의 사무실로 갔다. 휴즈 판사는 벽에 걸린 커다란 사진 앞으로 태영의 손을 잡아 이끌었다. 벽에는 사진이 두 장 걸려 있었다. 한 장은 휴즈 판사가 서재에서 책을 펼쳐 놓고 남편과 웃으며 이야기하는 사진이었고 또 한 장은 앞치마를 두르고 접시를 닦는 휴즈 판사의 모습이었다.

"나는 사회에서 일을 한다고 가정 일을 소홀히 하거나 무시하지 않습니다. 저는 판사라는 저의 직업도 좋아하지만, 아내와 주부로서 제가 해야 하는 일도 즐겁게 합니다. 이 두 역할이 다 나의 모습이에요."

"어떻게 집안일과 판사 일을 다 잘할 수 있어요?"

태영이 떠듬떠듬 묻자 휴즈 판사는 고개를 저었다.

"아니에요. 저는 잘한다고 하지 않았어요. 저는 두 가지 다 제가 해야 할 의무라고 생각해요. 판사로서 사회에 도움을 줘야 하는 것도 저의 역할이고, 결혼을 한 이상 아내와 주부도 저의 역할이지요. 그렇지만 그 역할을 즐겁게 해야 한다는 뜻이지 반드시 잘해야 한다는 말은 아니에요."

태영은 휴즈 판사의 말에 크게 감명을 받았다. 한국에서는 대체로 여자가 결혼을 하면 집안일만 해야 했고, 혹시 가정일과 바깥일을 같이 해야 하는 상황에서는 늘 미안해하거나 종종거려야 했다. 양쪽 일을 다 해야 하는 것을 버거워하면서도 직장에서도 가정에서도 전념하지 못하는 것을 미안해하며 즐겁게 일하기 어려웠다.

태영도 마찬가지였다. 그런데 휴즈 판사의 사진과 태도를 보며 태영은 역할과 도리를 무겁게 여길 것이 아니라 즐겨야겠다는 생각을 했다. 일형도 미국 유학 생활을 했었기에 같은 마음으로 태영을 뒷바라지하고 있었다.

'한국의 여성들도 즐겁게 사회생활과 가정생활을 할 수 있는 날

이 오면 좋겠다.'

싱거 판사는 가정법원 재판에서 만난 재판관이었다.

"이태영 변호사님, 이리 와서 앉으세요."

싱거 판사는 재판을 시작하기 전, 태영을 자신의 옆자리에 앉힌 후 재판정에 모인 사람들에게 말했다.

"이분은 한국에서 온 변호사입니다. 이분과 함께 오늘의 재판을 진행합니다."

싱거 판사의 말에 태영은 당황했지만 짐짓 태연하게 표정 관리를 했다. 법률 제도가 우리나라보다 앞선 나라의 재판은 어떤 과정을 거쳐 판결이 내려지는지, 방청석이 아니라 재판석에서 보고 싶은 마음이 컸다. 한국에는 가정법원이라는 것도 없었기 때문에 어떤 사건을 어떻게 재판하는지 궁금했다.

재판이 시작되었다. 이혼 후 아이들을 보기 위해 아버지가 소송을 한 사건이었다. 이혼한 남편 스미스 씨는 원래 일주일에 한 번 아이들을 볼 수 있는 권리가 있었는데, 아내가 아이들을 보여 주지 않는다며 재판을 신청한 것이었다.

"부인! 전 남편의 주장대로 아이들을 보여 주지 않은 것이 맞나요?"

싱거 판사가 근엄한 목소리로 묻자 부인이 순순히 인정했다.

"네, 처음에는 보여 줬지만 요즘은 만나지 못하게 했습니다."

"왜 법원의 명령을 어기고 아이들을 아버지에게 보여 주지 않았지요?"

"제가 먼저 어긴 것이 아니라 아이들의 아버지가 먼저 어겼습니다. 정해진 시간이 아니라 아무 때나 찾아와 아이들의 휴식 시간을 방해했고, 꼭 자기 친구들을 데려와 아이들을 구경거리로 만들었습니다. 자제하지 않고 먹을 것을 주는 바람에 아이들 아버지가 다녀가면 아이들은 꼭 배탈이 났습니다. 저는 아이들의 안전과 휴식을 위해서 아이들 아버지가 아이들을 못 만나게 했습니다."

부인이 또박또박 말하자 싱거 판사는 표정 변화 없이 남편에게 다시 물었다.

"스미스 씨! 부인이 말한 내용이 맞습니까?"

판사의 근엄한 질문에 스미스 씨는 고개를 푹 숙이며 웅얼웅얼 작은 목소리로 인정했다.

"이 사건은 스미스 씨가 먼저 법원의 명령을 어긴 사건입니다. 아이들의 안정과 안전을 위해서 아이들의 어머니는 적합한 조치를 취했습니다. 아이들 아버지는 다시는 그런 잘못을 저지르지 않겠다는 확답을 해야 아이들을 다시 만날 수 있습니다. 알겠습니까?"

"네, 알겠습니다."

그 모습을 보며 태영은 큰 충격을 받았다. 이혼을 한 후 아이를 어머니가 키우는 것도 놀라운데, 정해진 시간에만 아버지가 아이를 만날 수 있게 하는 것은 더욱 놀라웠다. 게다가 아이의 안정을 위해 아버지의 접근을 막는다거나 아이를 기르는 쪽 부모에게 다른 쪽 부모가 양육비를 주도록 하는 것은 태영의 생각을 완전히 바꾸어 놓았다.

"이 변호사님! 오늘 재판 어땠어요?"

싱거 판사의 말에 태영은 느낀 것을 그대로 말했다.

"한국에서는 이혼을 하게 되면 아이는 무조건 남자만 키울 수 있습니다. 이혼한 여자는 평생 떳떳하게 아이를 볼 수도 없고, 혹시 아이를 키우게 되는 어머니가 있다 해도 아이 아버지는 절대 양육비를 내지 않지요. 여성과 아이의 인권을 중요시하는 미국의 법 제도에 감동받았습니다. 무엇보다 우리나라에는 가정법원이라는 것이 없습니다."

태영의 솔직한 말에 싱거 판사는 환하게 웃음 지으며 고개를 끄덕였다.

"한국에도 이태영 변호사님 같은 분이 있으니 곧 법이 바뀔 거예요. 가정법원도 생기고, 여성과 아이들의 인권도 존중받게 될 겁니다."

싱거 판사가 준 용기에 태영은 고개를 끄덕이며 아랫입술을 지그시 깨물었다. 휴즈 판사와 싱거 판사를 만난 것만으로도 미국에 유학 온 보람이 있는 것 같았다. 태영은 꼭 한국에도 따뜻한 바람이 불게 하고 싶었다.

## 💬 제자들이여, 날개를 펼쳐 다오

　　미국에서 돌아온 태영은 눈코 뜰 새 없이 바빴다. 육 개월간 상담소를 비운 데다 태영이 미국에 가 있는 동안 상담소의 후원도 줄어들어 여기저기 후원금을 구하러 다니기도 바빴다. 그러나 상담소의 형편은 점점 더 어려워졌다. 정치인으로 활동하던 일형이 반대 세력의 압박을 받아 온 가족이 집 안에 갇혀 지내야 했던 것이 가장 큰 이유였다. 그로 인해 상담소를 운영할 사람들을 기르지 못하니 상담소는 점점 힘들어졌다. 찾아오는 사람들은 많은데 일손과 돈이 부족했다. 태영은 상담소를 운영하며 월급을 받기는커녕 자기 돈을 털어 넣어야 할 지경이었다.

그러던 어느 날, 태영의 후배이기도 한 이화여자대학교 총장이 태영의 사무실로 찾아왔다. 평소 알고 지내기는 했지만 친하게 지낸 사이는 아니었기 때문에 태영은 조금 당황스러웠다. 그런데 총장이 앉자마자 한 말은 태영을 더욱 당황하게 했다.

"선배님, 이화여자대학교 법정대학 학장을 맡아 주십시오."

"네? 저는 변호사이지 교육자가 아닙니다. 저보다 더 훌륭한 학자나 교육자가 많습니다."

태영은 정중하게 거절했다. 이전 총장도 태영에게 여러 번 교수가 되어 달라고 했지만 태영은 번번이 사양했었다. 학교에서 학생들을 지도하는 것도 좋은 일이었지만 태영은 일상에서 억울한 일을 겪는 사람들을 직접 도와주는 것이 더 급했다. 그러나 총장은 이미 마음을 단단히 먹고 온 듯했다.

"선배님이 그동안 변호사로만 일해 오신 것을 누구보다 잘 알고 있지요. 하지만 선배님이 꼭 우리 학교 법정대학 학장으로 오셔야 할 특별한 이유가 있습니다."

"특별한 이유요?"

총장은 조목조목 이유를 말했다.

"아시다시피 우리 학교가 종합 대학이 되었고 여대 최초로 법정대학이 생겼습니다. 기대에 부풀어 우수한 학생들이 모여들었고, 사회에서 바라보는 기대치도 높아졌지요. 그런데 십 년이 지나도록 고시에 합격한 사람이 한 명도 나오지 않았습니다. 이대로 가다간 법정대학이 사라지게 생겼습니다."

총장의 고민도 이해가 되었다. 그러나 태영은 자신이 차린 상담소와 자신이 건의해 새로 만들어지는 가정법원 일만으로도 무척 바빴다.

"하지만 저는 현장에서 해야 할 일이 너무 많습니다."

태영이 계속 거절했지만 총장도 물러서지 않았다.

"선배님은 학교에서 아무것도 안 하셔도 됩니다. 그저 학교에 얼굴만 비쳐 주세요. 복도만 왔다 갔다 해 주시면 됩니다. 그것만 해 주셔도 우리 학생들에게 큰 힘이 됩니다."

시간이 늦고 태영도 다음 일정이 있어 총장은 곧 돌아갔지만, 다음 날부터 매일 전화를 걸어 태영을 채근했다.

"선배님, 생각해 보셨습니까? 우리 대학과 후배도 살려야 하지 않겠습니까?"

"선배님, 혼자 법조인이 되셨으면 그만입니까? 우리 후배도, 다음 여성들도 계속 법조계에 나가야 하지 않겠습니까?"

총장은 어느 날은 애걸복걸하고 또 어느 날은 거의 협박에 가깝게 태영을 닦달했다. 총장의 집념과 끈기에 태영은 결국 두 손을 들고 말았다.

"알았습니다. 딱 사 년 동안만 해 보겠습니다. 그리고 여성법률상담소도 그만둘 수 없습니다."

"당연하지요. 고맙습니다. 고맙습니다, 선배님."

전화기 너머로 총장이 꾸벅 절을 하는 것까지 느껴졌다. 그날로 태영은 이화여자대학교 법정대학 교수와 학장을 맡게 되었다.

복도만 왔다 갔다 하고 얼굴만 보여 주면 된다고 했지만 그렇게 가만히 있을 태영이 아니었다. 태영은 교수와 학장이 되자마자 많은 것들을 바꾸기 시작했다. 총장은 태영이 하겠다는 것은 두말 않고 뭐든 들어주었다.

"법정대학을 본관 건물로 옮겨 주십시오. 교수님들 연구실을 넓고 산뜻하게 고쳐 주십시오. 법정대학 전용 도서실과 고시 준비실을 마련해 주십시오."

태영은 번듯한 공간이 있어야 교수와 학생들의 사기를 북돋울 수 있다며 시설부터 멋지게 바꿔 나갔다. 학생들에게는 법정대학 배지를 달고 다니게 했고, 모의재판을 만들어 법정에 서는 연습도

시켰다.

"법대를 나왔다고 모두 고시를 보고 고시에 합격해야 하는 것은 아닙니다. 생활 속의 법률을 공부하여 법적 지식을 갖춘 여성 지도자가 될 수 있도록 해야 합니다."

태영이 온 후로 학생들의 자세도 크게 달라졌다. 고시에 응시하지 않으면 아무 쓸모 없다고 생각했던 법 공부를 생활의 기본으로 받아들였다. 그리고 고시에서 떨어지면 인생이 실패한 것처럼 생각하던 태도를 바꾸어, 고시 공부를 넓고 깊게 법을 공부하는 하나의 과정으로 생각하기 시작했다.

법을 공부한 학생들은 태영이 운영하는 여성법률상담소에서 실제로 상담도 해 보고 행정 일을 돕기도 했다. 법학과를 졸업한 학생들은 사회 경험을 쌓을 수 있었고, 상담소도 더욱 많은 사람들을 도울 수 있었다.

태영은 신입생들에게 강의 첫 시간에 늘 같은 질문을 했다.

"여러분은 대학에 왜 왔습니까?"

파릇파릇한 신입생은 생글생글 웃으며 저마다의 꿈을 이야기하고는 했다. 태영은 학생들의 이야기를 잠시 듣다가 얼굴의 웃음기를 거두고 입을 열었다.

"시집을 갈 수 있는 마지막 정류장으로 생각하고 대학에 온 학생 있습니까? 만약 그렇다면 당장 이 강의실을 나가 학교를 그만두십시오. 우리 대학교는 그런 학생들을 받아 주는 곳이 아닙니다."

학생들의 얼굴도 차갑게 굳었다. 허리를 바로 세우는 학생들도 있었고, 저도 모르게 주먹을 불끈 쥐는 학생들도 있었다. 태영을 쏘려보며 두고 보라는 듯 입술을 앙다무는 학생도 있었다.

"여자는 전문 분야를 공부하면 안 됩니까? 여자는 고시에 합격하면 안 되고, 정치와 경제를 말하면 안 됩니까? 남자와 어깨를 나란히 겨루며 사회 활동을 하면 안 됩니까? 왜 안 된다는 생각부터 하고 시작합니까? 열심히 해 보지도 않고 왜 주저앉습니까?"

태영의 다그침에 학생들은 눈빛이 달라졌다. 무엇이든 열심히 해 보겠다는 강한 의지가 강의실을 가득 채웠다.

태영 또한 목표를 이루기 위해 학장실에 앉아 양동이에 발을 담그고 밤을 지새우며 일했다. 법정대학이 자리 잡느라 나오지 않은 고시 합격생도 키워야 했고, 지도 제자로 삼은 학생들도 학위를 받을 때까지 봐 주어야 했다.

학교에 있는 동안 태영은 학생들에게 희망과 의지를 심어 주며 본보기가 되었다.

"나는 벌어먹고 사느라 십 년간 이불 장사와 옷감 장사를 하며 공부를 놓았다가 다시 공부를 시작한 사람입니다. 애를 셋 낳고 넷째를 임신한 상태에서 대학에 다시 들어가 공부하느라 점심시간이면 갓난아기 젖을 물려야 했습니다. 또 전쟁 통에 사 남매를 떼어 두고 공부해서 서른일곱 살에 고시에 합격했습니다. 이런 나도 변호사가 되고 교수가 되었는데, 여러분이 못 할 이유가 무엇입니까? 여러분이 목소리를 내야 여성들이 살고 나라가 삽니다."

태영이 틈만 나면 귀에 못이 박힐 정도로 말했기 때문에 학생들은 자연히 그 소리를 새겨듣게 되었다. 학생들의 마음속에는 무엇이든 할 수 있다는 자신감과 사회를 위해 이바지해야 한다는 사명감이 자리 잡았다.

사 년 동안만 있겠다던 태영은 계획과 달리 팔 년이 넘게 학교에 있었다. 태영이 법정대학 교수와 학장으로 있는 동안 박사 열여섯 명과 판사 두 명이 나왔다. 이런저런 자리에서 단단히 한몫을 하는 제자들을 보며 태영은 이제 학교를 떠나도 될 때라는 것을 느꼈다.

## 붉은 벽돌집의 탄생

상담소로 돌아온 태영은 더욱 상담소 일에 열을 올렸다. 처음 상담소를 열 때는 여성 변호사라 찾아오는 의뢰인이 없으니 손님 끌어들이려 여성법률상담소를 차린다는 남자들의 비웃음도 샀다. 그렇게 만든 상담소가 벌써 십 년이 넘었고, 이름도 가정법률상담소로 바뀌었다.

하지만 무료로 상담소를 운영하는 것은 여전히 어려운 일이었다. 힘에 부친 태영은 사람들을 만날 때마다 호소했다.

"아무리 좋아서 시작한 일이라고 해도 힘들 때가 없겠습니까? 가난하고 억울하고 아는 것이 많지 않아 겁에 질린 사람들이 5백

년 동안 날 기다렸다는 듯이 날마다 찾아옵니다. 그들의 사정을 듣노라면 혼자 감당하기 힘들어 쩔쩔맬 때도 많습니다. 제발 이 꼴이라도 구경하러 와 주세요. 정의를 외치는 사람들, 나를 좋아한다는 사람들은 다 어디 있단 말입니까? 세상은 왜 이리 차갑습니까? 이렇게 억울하고 가난한 사람들은 한이 맺힌 채 살아야 합니까? 저는 좋아하는 일을 하고 있으니 일에 치여 쓰러져도 됩니까?"

태영의 하소연에 어떤 이는 다달이 월급을 떼어 후원금으로 보냈고, 어떤 이는 태영 월급의 열 배도 넘는 돈을 쓱 내밀고 가기도 했다. 태영은 울기도 많이 울었다. 어느 날은 여자들의 사정이 딱해서 울었고, 어느 날은 도와주는 손길들이 고마워서 울었.

그렇게 눈물 마를 사이 없이 태영이 밤낮으로 뛰어다닌 덕분에 상담소는 어느 정도 자리를 잡아 갔다. 여자들은 억울한 일을 당하면 으레 가정법률상담소를 찾아야 한다는 것을 알 정도였다. 직접 찾아올 뿐 아니라 편지 상담과 전화 상담도 끊이지 않았다.

상담소 일이 점점 늘어난 만큼 드나드는 사람도 많아져 태영은 사무실을 빌려 쓰는 것이 버거웠다. 다섯 번이나 옮겨 다닌 이사도 매번 만만치 않았다.

'더 이상 남의 사무실 한 귀퉁이를 빌려서 상담소를 운영할 수는

없겠어.'

 태영은 여성을 위한 건물을 세우기로 했다. 여성의 손으로, 여성을 위해 건물을 올리고, 더욱 많은 사람들을 도와주고 싶었다. 많은 사람들의 힘을 모아 많은 사람들을 위한다는 뜻의 여성백인회관이라는 건물을 짓기로 했다. 태영은 건축 비용을 마련하기 위해 모금 운동을 시작했다.

 "큰돈이 아니어도 됩니다. 여성이 힘을 모아 여성을 위한 일을 한다는 것에 의미가 있습니다. 한 사람이라도 더 많은 사람이 모금을 하여, 한 사람이라도 더 많은 사람을 도와야 합니다."

 태영은 전국을 돌며 호소했다. 미국에 강의를 갈 기회가 생기자 미국 교포들에게도 여성백인회관의 필요성을 이야기하며 모금 운동을 했다. 남편 일형도 정부 기관을 찾아다니며 여성백인회관을 지원해 달라고 힘을 보탰다. 그럭저럭 돈이 모여 태영은 여의도에 건물을 지을 땅을 샀다. 하지만 좀처럼 건축비가 모이지 않았다.

 '땅을 사 놓은 것이 언제인데 아직 첫 삽도 뜨지 못한단 말인가? 일이 잘되어야 할 텐데.'

 태영은 새벽마다 기도를 했다. 그러던 어느 날, 뜻밖의 소식이 날아들었다. 태영이 막사이사이상 사회 지도 부문의 수상자가 되었다는 것이었다. 막사이사이상은 아시아에서 사회에 큰 공헌을 한 사람이나 단체에 주는 것으로, 아시아의 노벨상이라는 별명이 붙은 상이었다. 태영이 여성에 대한 불평등과 잘못된 인습에 맞서 가족법 개정 운동에 앞장선 업적을 인정받아 상을 받게 된 것이었다.

'별로 한 일도 없는데 괜히 상복이 많아서…….'

태영은 부끄러웠지만 한국 여성 전체가 받아야 할 상을 대표로 받는다는 생각으로 필리핀에 가서 상을 받았다. 태영은 수상 소감 또한 자기 마음을 있는 그대로 표현했다.

"한국은 유교적 전통과 관습에 묶여 여성들이 오랫동안 차별받으며 살았습니다. 삼십 년 전 해방이 된 이후, 한국 여성들은 헌신적인 노력과 탁월한 능력으로 그 낡은 쇠사슬을 끊고 있습니다. 저는 그들과 함께 고민하고 그들의 심부름을 조금 했을 뿐입니다. 이 상은 저 한 사람에게 주는 것이 아니라, 한국의 모든 여성들에게 주는 상이라고 생각합니다. 제가 가서 잘 전달하겠습니다. 그리고 사실 저는 오늘 이 상금이 더 기쁩니다. 한국의 여성들을 위해 세우려는 여성백인회관의 건축 비용이 모자라 건축이 중단되었는데, 이 상금은 온전히 그 회관을 짓는 데에 쓰겠습니다. 그래서 앞으로도 더 많은 여성을 도울 수 있도록 죽는 날까지 노력하겠습니다."

태영의 수상 소감이 끝나자 박수가 쏟아졌다.

태영은 약속대로 막사이사이상 상금 전액을 여성백인회관 건축 비용으로 기부했다. 덕분에 비로소 여성백인회관을 짓는 공사가 시작되었다. 그렇지만 건물을 지을수록 비용도 점점 늘어나 태영은 계속해서 모금 운동도 같이 해야 했다.

"내가 죽으면 장례식장에는 안 와도 되니 부디 지금 살아 있는 나에게 헌금 좀 해 주십시오."

태영의 눈물 어린 호소에 도움을 주는 손길이 이어졌다. 어느 날 아침에는 공사 현장에 목재, 시멘트, 철근, 벽돌 등을 남몰래 쏟아 놓고 간 사람도 있었다. 태영이 미국에서 만난 사람 중 한 명은 결혼반지 살 돈을 쥐여 주기도 했다. 평생 모은 금반지와 금목걸이 등을 보낸 사람도 있었고, 남편을 하늘나라로 보내고 슬픈 가운데 그 유산의 일부를 기꺼이 낸 사람도 있었다. 당장 가진 돈이 없으니 하루 일당이나 쌈짓돈을 모아 보낸 사람도 있었다. 모두가 한마음이었다.

그렇게 돈을 모아도 건축 자재는 늘 모자랐다. 태영은 산언덕을 이 년간 돌며 돌을 주워 모았고, 그 돌을 망치로 깨서 손수 공사 현장까지 날랐다.

"지하실 바닥은 이 돌로 깔고 그 위에 콘크리트를 덮으면 비용을 좀 아낄 수 있잖아요."

그렇게 나른 돌덩이가 트럭 두 대 분량이었다.

그뿐만이 아니었다. 태영은 공사 현장도 대충 둘러보지 않았다. 태영은 아침마다 벽돌 공장에 가서 예쁘고 반듯한 벽돌을 한 장 한

장 골라 왔다.

"변호사님, 또 오셨어요? 우리가 어련히 알아서 좋은 벽돌을 가져갈 텐데요."

벽돌 공장 사장의 말에 태영은 고개를 저었다.

"이 벽돌값을 보내 준 사람들을 생각하면 제가 가만히 앉아서 벽돌을 받을 수가 없어요. 이게 어떤 돈인데요? 그 사람들의 노력과 바람입니다. 한 장씩 내 손으로 골라야지요. 가장 반듯하고 고운 벽돌로 골라야지요. 그래야 이 벽돌로 지은 회관 안에서 사람들이 희망을 얻어 가지요."

태영의 태도가 워낙 단호하고 한결같아서 몇 번 말리던 벽돌 공장 사장도 태영을 더는 말리지 않았다. 아침에 벽돌을 고르고 있는 태영을 보면 사람들도 그러려니 하면서 신경을 쓰지 않았다.

그렇게 일 년 내내 고생한 끝에 드디어 여성백인회관이 완공되었다. 여성백인회관으로 이사 가는 날, 태영과 직원들은 3백 개가 넘는 짐 꾸러미들을 손수 머리에 이고 등에 지고 리어카로 날랐다. 무거운 짐을 이고 몇 번씩 길을 오가면서도 태영과 직원들의 얼굴에는 환한 웃음이 가득했다.

"소장님, 드디어 우리 집이 생겼어요!"

"소장님, 이제는 더 많은 사람들의 이야기를 듣고 더 많은 문제를 해결할 수 있게 되었어요."

직원들뿐만 아니라 도움을 준 1천 7백여 명의 사람들도 자기 일처럼 기뻐했다. 나이가 많이 든 이사장은 눈물을 글썽거리며 개회사를 했다.

"내가 몸이 아파 자리에 누웠을 때 이대로 죽을지도 모른다는 생각이 들기도 했습니다. 그럴 때면 여성백인회관을 다 지어 내 눈으로 보기 전에는 죽을 수 없다고 마음을 다잡고는 했지요. 오늘 이렇게 이 자리에 서서 개회사를 하니 정말 마음이 벅차오릅니다."

이사장만 눈물을 글썽거린 것이 아니었다. 직원들도, 그 자리에 모인 사람들도 모두 가슴이 뭉클한 듯 손수건으로 눈가를 찍었다.

태영도 소장으로서 단상에 올랐다.

"이 붉은 벽돌집을 짓기 위해 정말 눈물겨운 돈들이 모였습니다. 여성백인회관은 여성의 힘으로 여성을 위해 지은 집이며, 한국의 여성들이 뭉쳐 스스로 마련한 건물입니다. 이 어찌 뜻깊은 일이 아니겠습니까? 뜻이 있는 곳에 길이 있으니, 우리 한국가정법률상담소가 하려는 모든 사업들이 후배들에 의하여 계속 이어지기를 간절히 바랍니다."

태영은 등을 돌려 벽면의 벽돌을 한 장씩 만져 보았다. 사연 없는 벽돌이 없었고, 마음이 가지 않는 벽돌이 하나도 없었다.

"나는 청소부라도 좋으니 이 여성백인회관에서 오래도록 일하고 싶습니다."

말을 마치고 단상을 내려오는 태영의 뒤로 오랫동안 박수 소리가 끊이지 않았다.

## 💬 법은 족쇄가 아니라 울타리

태영이 상담소로 바쁘게 출근하던 길이었다. 길거리에서 여학생 몇 명이 경찰과 이야기하고 있었다. 그중 한 명은 고개를 푹 숙이고 있었다. 아이들이고 특히 여자애들이었기에 태영은 자연스레 그들의 대화에 관심을 가졌다.

"열일곱 살짜리 여자애가 호주˙라고? 아빠가 안 계시니?"

경찰이 고개 숙인 학생에게 지갑과 신분증을 돌려주며 물었다. 상냥한 말투였지만, 마음이 불편해지는 내용이었다.

• 호주(戶主) : 예전에 호적법에서, 한집안의 주인으로서 가족을 거느리며 부양하는 일에 대한 권리와 의무가 있는 사람을 이르던 말

"네, 아빠는 돌아가셨어요."

학생은 고개를 푹 숙이고 작은 목소리로 대답했다. 학생의 얼굴이 급격히 어두워졌다. 주변에 둘러서 있는 친구들도 저희끼리 눈치를 보며 입을 다물었다.

"그럼 오빠나 남동생이 호주가 되면 되잖아."

"저희 집엔 엄마랑 여동생들밖에 없어요. 그래서 맏딸인 제가 호주가 된 거예요."

학생은 경찰의 말에 꾸역꾸역 대답했다. 말하기 싫어하는 표정을 보니 한두 번 겪는 일이 아닌 듯했다.

"그래, 그렇구나. 알겠다."

경찰 두 명은 저희끼리 호주에 대한 이야기를 하며 학생들에게서 멀어졌다. 여자애 주변에 둘러서 있던 친구들이 한동안 아무 말도 못 하다가 얼른 말을 돌렸다.

"지갑 찾아서 그나마 다행이다."

"그러게. 그 안에 신분증이 있어서 금방 찾았지."

친구들이 떠들건 말건 열일곱 살짜리 호주라는 학생은 아랫입술을 지그시 깨물고 가만히 있었다. 출근길이 바빴지만, 태영은 그 모습을 오랫동안 지켜보다가 그 학생에게 가까이 다가갔다. 그리고 귓속말로 조용히 속삭였다.

"나는 변호사란다. 내가 꼭 호주제*를 없앨 테니 조금만 참으렴."

태영의 말에 여학생은 고개를 들었다. 그리고 태영의 눈을 가만히 바라보더니 천천히 고개를 끄덕였다.

"꼭이요."

여학생의 눈빛이 너무도 간절하여 태영도 고개를 깊게 끄덕거릴 수밖에 없었다.

태영은 처음 법을 공부하던 때부터 호주제가 불합리하다고 생각했다. 집안의 주인을 법으로 정해 둔다는 호주제에 따르면 아버지, 남편만 호주가 될 수 있었다. 그리고 호주가 세상을 떠나더라도 아내 혹은 어머니는 호주가 될 수 없었다. 아무리 어려도 아들이 다음 호주가 되어야 했고, 집안에 남자가 없으면 어머니보다 맏딸이 먼저 호주가 되었다.

태영은 이화여자전문학교와 서울대학교에서 법을 공부할 때나 고등 고시에 합격한 후 검사 시보와 법관 시보를 할 때에도 불공평한 가족법 때문에 고통받는 여성을 너무나 많이 보아 왔다.

친인척의 범위에서 여성의 친인척은 거의 제외되었으며, 집안의

* 호주제(戶主制) : 호주를 중심으로 가족 구성원들의 출생, 혼인, 사망 등을 기록하는 제도

재산은 당연히 남편의 몫이라고 정해져 있었다. 그래서 이혼할 때도 여자는 아이와 재산에 대한 권리를 전혀 인정받지 못한 채 쫓겨나는 것이 당연했다. 재산을 물려받는 것도 마찬가지였다.

"남동생은 부모님을 나 몰라라 하고 살았어요. 부모님이 돌아가실 때까지 제가 병원비를 다 대며 모셨어요. 그래서 빚도 많이 생겼고요. 부모님도 저에게 '우리가 나중에 세상을 떠나면 우리가 살던 집을 팔아서 빚을 갚아라.'라고 하셨어요. 그런데 부모님 재산은 모두 남동생이 받도록 되어 있대요. 저는 빚에 쪼들려 길거리로 나앉게 되었어요. 어떡하면 좋아요?"

아무리 딸이 지극정성으로 부모님을 모셨어도 아들이 전 재산을 물려받는 것이 당연했고, 딸은 인정상 조금 받거나 아예 못 받는 일이 많았다. 태영은 그런 여성들을 보면 볼수록 가족법을 꼭 고쳐야겠다는 생각이 들었다.

법을 모르거나 법이 그렇다고 하니까 나쁜 제도를 당연하게 받아들여야 하는 억울하고 불쌍한 여성들이 너무 많았다.

"가정에서는 어떠한 폭력도 있어서는 안 됩니다. 아내도, 아이들도 모두 소중한 인격과 인권을 가진 인간입니다. 가정에서의 폭력도 명백한 범죄입니다."

태영의 호소에 사람들은 코웃음을 쳤다.

"뭐래? 남의 집안일에 왜 참견하고 난리야? 옛날부터 회초리로 때려 가며 키웠잖아."

"가정 폭력이라니, 듣도 보도 못한 말이네. 이게 대체 무슨 뚱딴지 같은 말이야?"

태영의 생각이 단단해질수록 국민들의 반대도 매우 거세졌다. 남녀노소를 가리지 않고 우리나라 사람 대부분은 태영이 말하는 가족법 개정에 반대하는 것 같았다. 여자들 중에도, 심지어 신식 학문을 공부한 여자들 중에도 가족법 개정에 관심이 없거나 반대하는 사람들이 많았다.

"여자는 당연히 남자 아래지, 도대체 법이 뭐가 잘못됐다는 거요?"

"국회에서도 가족법 개정에 찬성할 수 없습니다. 전 국민이 반대하는데, 어떻게 이 법을 고친단 말입니까?"

거의 모든 국민, 나아가 대통령까지도 가족법 개정을 반대하는 바람에 가족법 개정을 주장하던 한 교수는 학교에서 쫓겨나기도 했을 정도였다. 그러나 시간이 흘러도 태영의 의지는 좀처럼 꺾이지 않았다.

"법이 사람을 차별하는 족쇄가 되어서는 안 됩니다. 법은 사람을 보호하는 울타리가 되어야 합니다."

태영이 아무리 외치고 다녀도 사람들의 반응은 싸늘했다. 가족법 개정의 벽은 워낙 단단하고 높아서 좀처럼 넘을 수 있을 것 같지 않았다.

"아무래도 안 되나 봐요. 뿌리 깊은 남존여비 사상 때문에 가족법을 고치기는 힘들겠어요."

같이 일하던 사람들이 지쳐 힘 빠진 소리를 하면 태영은 단호하게 그들의 말을 막았다.

"벽이 막혀 갈 수 없으면 뚫으면 되지요. 아무리 단단한 바위라도 물방울이 계속 떨어지면 결국 뚫리고 말잖아요."

사실 말은 그렇게 했지만 태영도 많이 지쳐 있었다. 그래도 태영이 가족법 개정을 포기하지 않을 수 있었던 것은 일형의 격려 덕분이었다. 일형은 태영이 어깨가 축 처져 집에 들어올 때마다 용기를 주었다.

"남들은 광복이 안 될 것 같다 했지만 광복이 되었지요. 원래 해가 뜨기 전이 가장 어두운 법이에요."

일형의 말에 태영은 다시 힘을 얻을 수 있었다.

그런데 그런 일형이 크게 병이 나서 자리에 눕게 되었다. 정치를 하면서 건강이 나빠지다가 장 출혈과 뇌혈전증, 당뇨병이 생겨 오른쪽 몸에 마비가 생긴 것이었다.

일형은 지팡이를 짚고 오른쪽 다리를 끌면서 겨우 움직이다가 휠체어에 의지해야 할 정도가 되었고, 나중에는 휠체어로 옮겨 앉기도 힘들 정도가 되었다.

일형은 자신에게 시간이 얼마 남지 않은 것을 알자, 자녀들을 불러 칭찬과 부탁의 말을 했다. 늘 "고맙다."라는 말을 입에 달고 살던 일형답게 마지막 유언으로 자녀들 한 사람 한 사람에게 고맙다는 말을 했다. 말을 하려 힘을 쥐어짜는 일형의 얼굴에 식은땀이 송글송글 맺혔다.

태영과 인사를 나눌 차례가 되자 일형은 태영의 손을 꼭 잡고 눈을 한참 들여다보았다. 태영은 울먹이며 일형에게 말을 걸었다.

"여보, 힘내세요. 당신이 이렇게 누워만 있으면 내 가위는 누가 사다 주고, 응원의 말은 누가 해 줍니까?"

태영의 말에 일형은 희미하게 웃었다. 누비이불 장사를 하며 일형을 뒷바라지하던 젊은 날, 태영은 잘 들지 않는 가위와 씨름하며 밤새 재봉질을 하느라 손가락이 휘었다. 일형은 태영의 손가락을 보며 늘 가슴 아파했다. 그래서 해외에 출장을 갈 일이 생기면 늘 태영을 생각하며 가위를 사 오고는 했다.

"고생만 하며 힘든 일이 많았지요."

일형의 말에 태영은 고개를 저으며 눈물을 쏟았다.

"그래도 나는 당신 덕분에 하고 싶은 것 다 하고 살았습니다."

태영의 말을 들은 일형은 희미하게 웃으며 눈을 감았다. 태영은 울며 일형의 볼을 어루만졌다. 죽어서도 함께하자고 맞춘 약속의 반지를 일형의 손가락에 끼워 주고 일형의 머리카락도 한 번 쓰다듬었다.

태영와 일형이 만난 지 사십육 년 만에 두 사람은 하늘과 땅으로 갈라지게 되었다. 꽃샘추위에 유난히 바람이 차던 4월의 어느 날이었다.

## 고달프지만 귀한 길

남편을 하늘로 보낸 후에도 태영의 가족법 개정 운동은 계속되었다. 그러면서도 여성들을 위한 무료 법률 상담 또한 계속했다. 태영이 개정하고자 하는 법 중에는 동성동본 결혼 금지법도 있었다.

"같은 전주 이씨라고 결혼을 못 한다니요? 같은 김해 김씨라고 결혼을 못 한다니요? 서로 친척만 아니면 되지, 성씨와 본관* 때문에 결혼을 하지 못하게 막는 법은 세계 어느 나라에도 없습니다."

태영의 주장에 전국의 유림들이 시위를 하며 일어섰다. 여성백인회관이나 국회 의사당 앞에는 가족법 개정 반대를 주장하는 사

* **본관(本貫)** : 자신의 맨 처음 조상이 난 곳

람들이 날마다 진을 쳤다.

"같은 성씨, 같은 본관이면 서로 친척이라는 건데 어디 막돼먹은 상놈들처럼 친척끼리 결혼한단 말이냐?"

"호주제를 폐지하라니, 집안의 주인이 없이 어찌 집이 제대로 굴러간단 말이냐? 집안이 망하면 나라가 망하는 것이다!"

태영은 지지 않고 그들을 설득했다.

"같은 성씨, 같은 본관이면 친척이라고요? 성씨라는 것이 아버지를 따르는 것인데, 그런 식이라면 어머니 쪽으로 같은 성씨인 사람과도 결혼하지 말아야 하는 것 아닙니까?"

"남자만 집안의 주인이 되어서는 안 됩니다. 게다가 집안의 주인은 한 명이 아닙니다. 가족 모두가 주인입니다."

무수한 협박 편지가 태영 앞으로 날아들었고, 태영이 있는 곳에서 수많은 시위가 벌어졌다. 여성백인회관은 시위하는 사람들과 무료 법률 상담을 받으러 온 사람들로 늘 북적였다.

태영은 가족법 개정을 위한 서명 운동을 시작했다.

"온 국민이 반대하는데 몇 명이나 서명을 해 줄까요? 서명을 받는다고 법이 바뀔까요?"

사람들이 걱정 어린 말을 할 때마다 태영은 단호한 목소리로 말했다.

"몰라서 반대하는 거예요. 모르는 사람에게는 알려 주면 되지요. 사람들이 원하면 법은 바뀌게 되어 있어요. 잘못된 법은 꼭 바꿔야 해요."

시위하는 사람들의 방해가 만만치 않았지만 태영은 날마다 사람들에게 서명을 받을 종이를 들고 여성백인회관 앞 길거리로 나갔다. 태영이 종이를 내밀어도 거들떠보지 않고 잡상인 취급하며 휙 지나가는 사람도 있었고, 태영의 이야기에 고개를 끄덕이며 흔쾌히 서명을 해 주는 사람도 있었다. 서명을 해 주는 사람들의 대부분은 여자였다.

"가족법 개정에 동참해 주세요. 남자와 여자는 동등한 사람이라는 내용으로 법을 고치자는 것입니다."

비바람이 몰아쳐도 눈보라가 휘날려도 뜨거운 땡볕에 살이 녹을 것 같아도 태영은 서명을 받기 위해 나섰다.

그러던 어느 날이었다. 한 남자가 다가와 태영에게 먼저 말을 걸었다.

"저도 서명하겠습니다."

그동안 남자들은 외면하고 비아냥댔기 때문에 태영은 지나가는

여자들에게만 종이를 내밀었는데, 이렇게 남자가 먼저 다가온 것은 아주 드문 일이었다.

"우리 딸이 살아갈 세상은 달라졌으면 좋겠습니다."

남자가 서명을 하며 태영에게 부탁하듯이 말했다. 그러자 지나가던 다른 남자들도 힐끔거리더니 태영의 앞으로 와 서명을 하기 시작했다.

"사실 남자나 여자나 다 같은 인간이지."

"그렇지. 다 귀한 사람이지, 덜 귀하고 더 귀한 게 어딨어? 우리 어머니도 여자고, 우리 딸도 여자인데."

태영의 노력이 조금씩 사람들 사이에 퍼져 나가기 시작한 것이었다.

'그래, 됐어. 사람들이 바뀌면 법도 곧 바뀔 거야.'

태영의 생각처럼 사람들의 생각이 달라지자 1989년 12월, 드디어 가족법 개정에 관한 법률이 국회를 통과했다. 개정법은 호주의 권리를 줄이고 남녀평등을 중요시하는 내용을 포함했다.

국회 본회의장 입구는 나라가 망했다며 우는 백발의 할아버지들과 드디어 모든 인간을 위한 세상이 열리기 시작했다며 우는 여성들로 울음바다가 되었다.

"만세! 만세! 만세!"

여성들은 손을 번쩍 들며 만세를 부르고 엉엉 울었다. 오랜 시간이 걸렸다는 것이 한편으로는 서러우면서도 그 오랜 시간을 버텨서 마침내 해냈다는 것이 더할 나위 없이 기뻐서였다. '남자와 여자는 동등한 인간'이라는 당연하고 간단한 사실을 법에 써 넣기까지 삼십칠 년이 걸렸다.

태영은 '가족법 개정을 위한 여성단체연합' 회장으로서 짧은 성명서*를 발표했다.

"오늘 5천 년 남녀 차별의 전통이 무너졌습니다. 삼십칠 년 동안 모든 여성의 끈질긴 투쟁으로 차별의 장벽이 무너졌습니다. 아직도 고쳐야 할 것이 많기에 우리는 계속해서 최선의 노력을 다할 것입니다."

태영의 말이 끝나자 여성들에게서 우레와 같은 박수가 쏟아져 나왔다. 그러나 이제 막 남녀평등을 향한 법 개정에 첫발을 내디뎠을 뿐 동성동본 결혼 금지법과 호주제는 여전히 남아 있었다.

태영이 건강 문제로 한국가정법률상담소와 여성 단체 임원 자리

---

* **성명서(聲明書)**: 정치적·사회적 단체나 그 책임자가 일정한 사항에 대한 계획이나 생각을 알리는 글이나 문서

에서 물러난 지 한참 된 1997년의 어느 날이었다. 태영과 같이 일하던 사람들이 태영이 입원한 병원까지 찾아왔다. 그들은 다 같이 눈물을 흘리면서도 목소리가 들떠 있었다. 태영이 조용히 사람들을 올려다보자 그중 한 명이 신문을 보여 주며 말했다.

"변호사님! 오늘 드디어 헌법 재판소의 결정이 났어요. '동성동본인 혈족 사이에서는 혼인하지 못한다.'라는 규정이 헌법에 위배°된다는 판결이 내려졌어요. 변호사님이 열심히 노력하신 덕분에 드디어 동성동본 결혼 금지법이 폐지되었다고요!"

서로 얼싸안고 기뻐하는 사람들을 보며 태영도 희미하게 웃음을 지었다. 기운이 없어 침대에서 일어날 힘도 없었지만, 태영은 날아갈 것처럼 기뻤다.

'여보, 하늘에서 보고 있어요? 당신이 말한 대로 우리가 벽을 뚫었어요.'

태영은 창밖을 바라보았다. 파란 하늘에서 일형이 내려다보며 같이 기뻐하는 것 같았다.

"이 모든 것이 변호사님 덕분이에요."

"정말 너무너무 수고하셨어요."

• 위배(違背) : 법률, 명령, 약속 등을 지키지 않고 어김.

사람들이 태영에게 큰절이라도 할 듯 인사를 하자 태영은 고개를 저으며 입을 열었다.

"이건 하늘의 도움이에요. 고달프긴 해도 내가 길을 참 잘 택했다 싶어요. 내 인생을 바치기에 너무너무 귀한 일이라 한없이 감사해요."

태영은 한마디 한마디 힘을 주어 말했다. 기운을 잃었던 태영의 눈빛이 모처럼 다시 빛나는 순간이었다.

> 그때 그 사건

🔍    #가족법_개정_운동 #호주제_폐지

예전의 가족법에는 남녀 차별적 조항이 있었어요. 어머니보다 아버지가, 딸보다 아들이 집안의 주인으로 인정받고 대접받는 게 당연한 내용들이었지요. 이태영은 법은 모두에게 공평해야 하고 가족 내에서도 사회에서도 양성평등이 이루어져야 한다고 생각했어요. 그래서 여러 여성 단체와 연합회를 만들어 여성을 차별하는 법 조항을 수정하기로 마음먹었어요. 1956년, 여성법률상담소가 생기며 본격적으로 가족법 개정 운동이 시작되었지요.

가족법 개정 운동의 가장 큰 목표는 호주제와 동성동본 결혼 금지법의 폐지였어요. 1975년 4월, 범여성가족법개정촉진회는 가족법의 조항을 수정하고 새로운 조항을 추가한 개정 법안을 국회에 제출했지요. 하지만 가족법 개정을 반대하는 사람들도 있었어요. 유림들은 가족법개정저지범국민협의회를 만들고 가족법은 전통적인 가족 제도라며 가족법 개정 반대 운동을 펼쳤어요.

법조인들과 정치인들도 법은 신중하게 개정해야 한다며 미지근한 태도를 보였지만 가족법 개정 운동은 계속되었어요. '가족법 개정을 위한 여성단체 연합'은 가족법 개정의 필요성을 알리고 서명 운동을 했어요. 그 덕분에 느리지만 꾸준히 변화가 생겼어요. 아내와 딸도 유산을 받는 비율이 늘었고, 이혼 후 어머니도 아이를 키울 권리가 생겼으며, 부부 공동 재산도 인정받았지요. 1997년 7월에는 동성동본 결혼 금지법이 헌법에 위배된다는 판결도 났어요.

 마침내 2005년 2월, 국회 법제 사법 위원회 전체 회의에서 호주제를 없애자는 의견이 모였어요. 그리고 3월, 국회 본회의에서 과반수의 찬성으로 호주제가 폐지되었어요. 법이 바뀌며 8촌 이내의 혈족이 아니라면 동성동본이라도 결혼할 수 있게 되었지요. 또한 여성의 재혼 금지 규정도 삭제되는 등 불합리한 가족법 조항이 수정되며 다양한 가족 형태가 인정받게 되었어요.

### 인물 키워드

🔍　　　　　　　　　　　　#변호사 #법조인

　1946년, 서울대학교 법학과에 최초의 여학생이 입학했어요. 서른한 살 이태영이었지요. 이태영은 가정주부였던 데다가 임신한 몸이었지만 다른 학생들처럼 열심히 공부했어요. 그리고 1952년, 제2회 고등 고시에 여성 최초로 합격했지요. 하지만 이태영은 판사가 되지 못했어요. 여성은 법관이 될 수 없다는 고정관념도 있었고, 정치인이었던 남편 정일형의 반대 세력이 싫어했기 때문이었어요. 그래서 이태영은 우리나라 최초의 여성 변호사가 되었지요.

　변호사가 된 이태영은 1956년, 여성법률상담소를 만들어 운영했어요. 우리나라의 법은 남녀평등을 원칙으로 내세웠지만 여성이나 아이 등 약자에게 불리한 조항도 포함하고 있었어요. 그래서 이태영은 법을 몰라 억울하거나 어려운 일을 겪는 사람들에게 무료로 법률 상담을 해 주었어요. 여성법률상담소는 인권 회복과 가정의 평화를 목표로 삼았던 여성 운동 단체이자 우리나라 최초의 법률 구조 기관이었지요.

　이태영은 여성, 아이가 겪는 가정환경 문제를 다룰 기관이 필요하다고 생각했어요. 그래서 1962년, 가정법원을 만들자고 제안했지요. 가정법원이 생긴 후에는 1963년부터 1977년까지 서울가정법원에서 문제를 함께 해결하는 조정 위원으로도 활동했어요.

　법조인이자 여성 운동가였던 이태영은 가족법 개정 운동에 평생을 바쳤어요. 당시의 가족법은 가부장적이고 성차별적이었어요. 또한 재혼 가정이나 한 부모 가정 등 새로운 가족 형태를 인정하지 않고 전통적인 가족상에만 집중했지요.

    이태영은 가족법 개정을 위해 수정 법안도 만들고, 가족법 개정에 반대하는 사람들도 설득하고, 가족 내에서 피해받는 사람들을 위한 상담도 계속했어요. 이런 바쁜 생활 속에서도 이태영은 이화여자대학교 법정대학에서 교수와 학장을 맡았어요. 법 공부도 계속해서 1969년에는 서울대학교 법학 박사 학위를 받았지요. 또 여러 단체에서 활동하고 많은 책을 쓰며 여성들이 법을 공부하고 적극적으로 사회생활에 나서도록 본보기가 되었어요.

    1975년, 이태영은 가족법 개정에 앞장선 노력을 인정받아 막사이사이상을 받았어요. 당시 이태영과 여성 단체들은 여성 운동을 위한 건물을 짓고 있었는데, 막사이사이상 상금을 더해 여성백인회관을 지었지요. 이태영의 노력 덕분에 가족법도 조금씩 개정되었어요.

    1998년, 이태영은 세상을 떠났지만 함께했던 여성 단체들이 계속해서 가족법 개정 운동을 이어 간 끝에 2005년, 호주제 폐지가 결정되며 이태영의 꿈이 이루어졌지요.

이태영을 시작으로 우리나라에도 많은 여성 법조인들이 생겨났어요.

최초의 여성 판사는 황윤석이었어요. 1952년, 황윤석은 제3회 고등 고시 사법과에 합격해서 1954년, 서울지방법원 판사가 되었어요. 1961년에는 법무부 여성문제연구위원회 실행연구위원으로 임명되기도 했지요.

1980년에는 조배숙, 임숙경이 제22회 사법 시험에 합격하며 최초의 여성 검사가 되었어요. 이후 조배숙은 1986년, 임숙경은 1987년에 판사가 되었지요. 남성 위주의 사회였던 검찰 조직의 벽은 높았어요. 하지만 그 벽을 뛰어넘은 최초의 여성 검사장도 나왔지요. 조희진은 1987년 제29회 사법 시험에 합격한 후 1990년에 19기 사법연수원을 수료했어요. 사법연수원 동기 가운데 유일한 여성 검사였지요. 2004년, 여성 최초로 부장 검사가 되기도 했던 조희진은 2013년, 서울고등검찰청 차장 검사인 검사장이 되었어요.

최초의 여성 법무부 장관은 강금실이었어요. 1981년, 제23회 사법 시험에 합격한 강금실은 1983년부터 1995년까지 판사로 일하며 1990년에는 여성 최초로 형사 단독 판사가 되기도 했어요. 1996년부터 변호사로 활동한 강금실은 2003년, 제55대 법무부 장관으로 임명되며 대한민국 최초의 여성 법무부 장관이 되었어요.

김영란은 가장 많이 알려진 여성 법조인 중 한 명이에요. 1978년, 서울대학교 법학과를 다니던 중 제20회 사법 시험에 합격했지요. 그리고 1981년, 제11기 사법연수원을 수료한 후 판사 생활을 시작했어요.

그러던 중 2004년 7월, 김영란은 대법관에 제청*되었어요. 여성일 뿐만 아니라 마흔여덟의 젊은 나이에 선배들을 제치고 후보에 올랐기 때문에 많은 사람들의 주목을 받았지요. 2004년 8월, 대법관 임명을 위한 국회 인사 청문회에서 김영란은 호주제 폐지와 사형제 폐지에 찬성한다며 소신 있게 답변했어요. 얼마 후, 국회는 김영란 대법관 후보에 대한 임명 안건을 통과시켰고, 대한민국 최초의 여성 대법관이 탄생했지요.

김영란은 사회적 약자와 소수자의 권리, 국민의 기본권 보호를 위해 노력했다는 평가를 받았어요. 대법관 퇴임 후 국민권익위원회 위원장으로 있을 당시 김영란이 제안해서 만들어진 법인 부정 청탁 및 금품 등 수수의 금지에 관한 법률은 '김영란 법'으로 많이 알려져 있지요. 2014년에는 한국 YWCA 연합회가 선정한 제12회 한국여성지도자상 대상을 받기도 했어요.

• **제청(提請)** : 어떤 안건을 제시하여 결정하여 달라고 청구함.

한눈에 살펴보기

#여성_관련_법의_역사

여성의 사회생활이 늘어나며 여성 인권 그리고 양성평등에 대한 관심도 커졌어요. 관련 법도 필요해졌지요. 남녀평등 의식을 퍼트리고 모두 똑같이 일할 권리와 기회를 보장하는 법이 먼저 생겼어요. 성별에 관계없이 어떤 직업이든 가질 수 있으며 일한 만큼 똑같이 돈을 받게 되었지요.

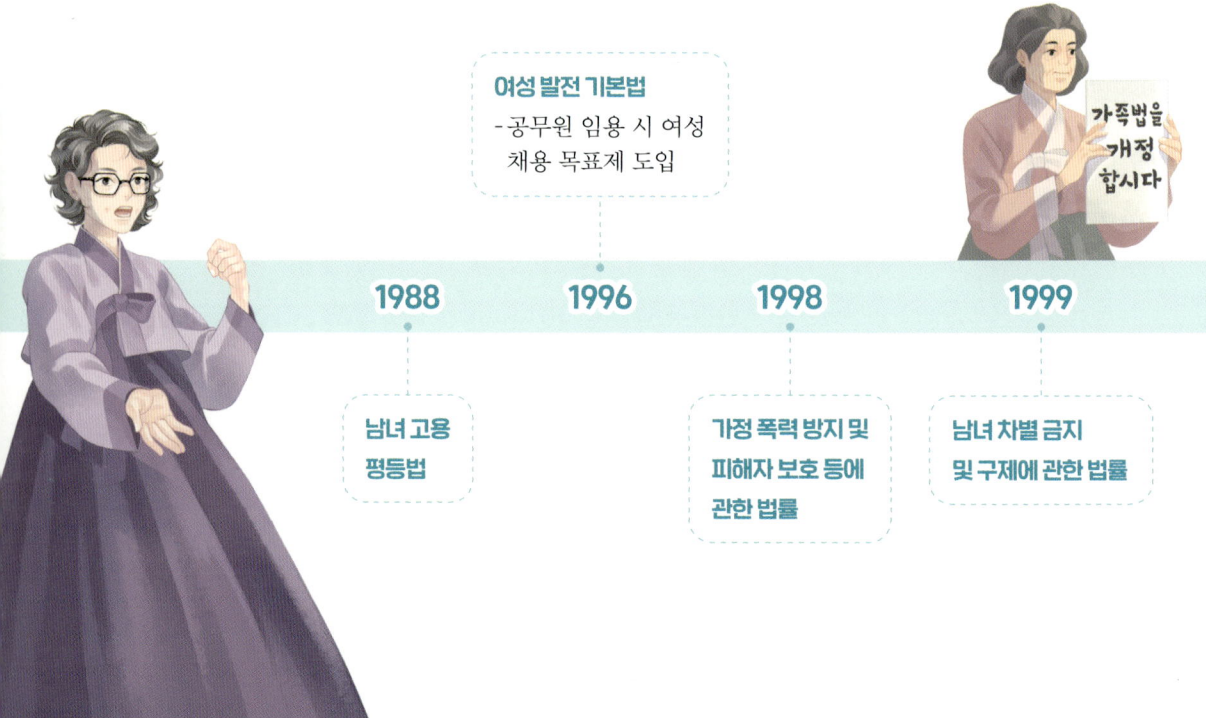

1988 — 남녀 고용 평등법

1996 — 여성 발전 기본법 - 공무원 임용 시 여성 채용 목표제 도입

1998 — 가정 폭력 방지 및 피해자 보호 등에 관한 법률

1999 — 남녀 차별 금지 및 구제에 관한 법률

시간이 흐르며 여성이 사회에서 높은 위치에 올라가는 경우가 많아졌어요. 남녀 모두 가정 바깥에서 보내는 시간이 늘어났지요. 그래서 일과 생활의 균형을 이룰 수 있는 사회 분위기가 중요해졌어요. 요즈음의 여성 관련 법은 즐거운 직장 생활과 그 바탕인 가족 복지까지 아우르고 있어요.

**2008** — 가족 관계의 등록 등에 관한 법률
- 호주제 폐지

**2010** — 공중화장실 등에 관한 법률 개정안
- 공중화장실 영유아용 기저귀 교환대 의무 설치 조항 신설

**2012** — 남녀 고용 평등과 일·가정 양립 지원에 관한 법률 개정안
- 출산 전후 휴가 조항 수정

**2015** — 양성평등 기본법

* 연도는 시행 기준으로 표기함. 개정되거나 폐기되며 수정된 법령 있을 수 있음(2024년 8월 기준).

우리나라 최초의 여성 변호사

# 이태영

초판 1쇄 펴낸날 2024년 8월 26일
초판 2쇄 펴낸날 2025년 1월 24일

**글 강민경 | 그림 화요**
**펴낸이 서경석**
**책임편집 김진영 | 편집 이봄이 | 디자인 권서영**
**마케팅 서기원 | 제작·관리 서지혜, 이문영**
**펴낸곳 청어람 엠앤비 | 출판등록 2009년 4월 8일(제313-2009-68호)**
**주소 서울특별시 구로구 디지털로 272 한신IT타워 404호 (08389)**
**전화 02)6956-0531 | 팩스 02)6956-0532**
**전자우편** juniorbook0@gmail.com
**블로그** blog.naver.com/juniorbook
**인스타그램** @chungeoram_junior

ISBN 979-11-94180-02-9 74810
　　　 979-11-86419-86-1(세트)

ⓒ 강민경, 화요, 청어람주니어 2024

※ 청어람주니어는 청어람 엠앤비(도서출판 청어람)의 아동·청소년 브랜드입니다.
※ 이 책의 내용 일부 또는 전부를 재사용하려면 반드시 저작권자와 청어람주니어 양측의 동의를 얻어야 합니다.